資質・能力を育てる
学校図書館
活用デザイン

「主体的・対話的で深い学び」の実現

稲井達也

G 学事出版

資質・能力を育てる学校図書館活用デザイン
「主体的・対話的で深い学び」の実現

もくじ

序　章　新しい学びと学校図書館の機能 ……… 7

0　新しい学習指導要領がめざすこと ……… 8
- 1　「主体的・対話的で深い学び」と学校図書館 ……… 8
- 2　アクティブ・ラーニングをめぐる誤解 ……… 9
- 3　新しい学びに向けてスタンバイしよう！ ……… 10
- 4　授業観を変えて、みんなで組織的に取り組むことが大切 ……… 11

第1章　資質・能力を育てる学校図書館
〜学びひたること〜 ……… 13

1　深い学びの実現に向けて ……… 14
- 1　学びひたること〜生涯一教師だった大村はま先生に学ぶ〜 ……… 14
- 2　探究心を育むことが大切 ……… 15

2　経験を通した深い学びを実現しよう ……… 17
- 1　探究的な学習の意義を見直す ……… 17
- 2　探究的な学習は知識を習得してからではないとできない？ ……… 18
- 3　他者との経験を通して学ぶ、ひとや社会から学ぶ ……… 19
- 4　学ぶとは創造的な営み ……… 20

3　学校図書館の活用で育てる資質・能力 ……… 21
- 1　学校図書館の活用で育てる資質・能力とは ……… 21
- 2　単元の指導計画が大切 ……… 22
- 3　教師と司書教諭、学校司書がゆるやかに連携・協力しよう ……… 23

4　学校図書館の活用と授業デザイン ……… 24
- 1　学力の3要素とは？ ……… 24
- 2　これまでの授業、これからの授業〜授業デザインという考え方を取り入れよう〜 … 25
- 3　主体的・対話的で深い学びとはなんだろうか ……… 26

5　実生活・実社会に生きて働く資質・能力を育てる学校図書館 … 28
- 1　幅広く応用がきく能力「汎用的な能力」を育てる〜大学教育にヒントがあった〜 … 28
- 2　小・中学校、高等学校改革の背景〜アクティブ・ラーニングという言葉の意味とは〜 … 28
- 3　資質・能力の育成について考えよう ……… 30

第2章　挑戦する小学校 …… 31

1 子どもたちの学びをよりいっそう豊かにするために …… 32
1 「社会に開かれた教育課程の実現」と子どもたちの学び …… 32
2 「深い学び」には「問い」が大切 …… 33

2 子どもたちの「主体的・対話的で深い学び」のすがた
～東京都世田谷区立武蔵丘小学校の実践～ …… 36
1 学び合う子どもを育てる …… 36
2 単元計画がとても大切 …… 36
3 子どもの主体性を引き出すための「問い」 …… 39
4 子どもの学びのすがた～対話という話し合いを通して学習課題を解決する～ …… 41
5 授業を積極的に支援する学校図書館担当者の役割とは …… 43

3 言語活動の工夫
～情報活用能力を育てる「探究的な読書活動」～ …… 47
1 読書活動を探究的な学習へ発展させる …… 47
2 伝記を活用した探究的な学習 …… 48
3 授業と連携した学校図書館の取組み …… 50

4 子どもたちの「対話的な読書活動」のすがた …… 53
1 読書のまちの対話的な読書活動～白川町立白川小学校の実践～ …… 53
2 音楽科で探究的な学習を実現～新潟市立中之口西小学校の実践～ …… 55

5 教科等の学びを広げる学校図書館デザイン
～山形県東根市立長瀞小学校の実践～ …… 57
1 東根市と歴史と伝統のある長瀞小学校 …… 57
2 第0次という発想からひらかれる豊かな学び …… 58
3 教科等の学びと連携した読書活動～読み聞かせボランティアのかかわり～ …… 58
4 言語環境を整え、学校図書館をデザインする …… 61
5 アイデア次第で教科等の学びと学校図書館がつながる …… 66

第3章　学校図書館と新聞活用
～〆ディアが育てる未来～ ……………………………………… 69

1　新聞活用で育てる資質・能力 …………………………………… 70
　1　NIE とはなんだろう ……………………………………………… 70
　2　新聞活用の意義を考える ………………………………………… 70
　3　学校図書館で新聞を活用することの意味を考える …………… 72
　4　これまでの NIE 実践 ……………………………………………… 72
　5　情報テクストとしての新聞の特性と新聞活用の目標とは …… 73
　6　学校図書館で新聞を活用してみよう～4つの方法～ ………… 74
　7　学校図書館と新聞の活用で大切にしたいこと ………………… 77

2　学びを成長させる評価、次の学びに生かす評価
～東京都目黒区立第十中学校の実践～ ……………………… 78
　1　探究的な学習の評価をどうするか ……………………………… 78
　2　新聞を活用した実践事例に即して考える～中学校国語科の批評文の指導～ … 78
　3　さまざまな場面に自己評価や相互評価を取り入れてみる …… 82
　4　気づきを促すことが成長につながる …………………………… 83

3　メディアが育てる未来 …………………………………………… 85
　1　戦略的な取組み～神奈川県大和市立光丘中学校の実践～ …… 85
　2　新聞を身近に～長崎県島原市立第五小学校の実践～ ………… 87
　3　これからの新聞活用～批判的な思考力と創造的な思考力の育成～ ………… 89

第4章　海外報告　ＩＣＴ活用、その先へ …… 93

1　教育改革の背景を考えよう ……………………………………… 94
　1　知識基盤社会で求められる人間像とは ………………………… 94
　2　キー・コンピテンシー、21世紀型スキルはグローバル経済が背景 ………… 96
　3　アメリカと共通する日本の教育改革 …………………………… 99
　4　汎用的な能力を育む ……………………………………………… 100

2　学びの拠点　ハブとしての学校図書館
　～南オーストラリア州アデレードの中等学校における挑戦～ …… 102
　1　ＩＣＴ活用でめざす学習者像とは ……………………………… 102
　2　州政府教育省が窓口になって国際交流 ………………………… 103
　3　学校図書館を学びの拠点とする学校～グレナンガ・インターナショナル・ハイスクール～ … 103
　4　21世紀型スキルの習得が学校の目標 …………………………… 111
　5　学びを教室の外へ広げる ………………………………………… 112

3　コンピュータを活用した学びと本のない電子学校図書館
　～南オーストラリア州アデレードの中等学校における挑戦～ …… 116
　1　国際交流はビジネス ……………………………………………… 116
　2　21世紀型スキルを特色化する～ブライトン中等学校～ ……… 117
　3　図書館のない学校～ヘンリー中等学校～ ……………………… 118
　4　ICT活用で大切なこと …………………………………………… 122

やってみよう！学校図書館①
　子どもの気づきを促し、感想を育てる読書感想文の指導 ……………… 125
やってみよう！学校図書館②
　マネジメントの工夫で変わる学校図書館 ………………………………… 132

おわりに ………………………………………………………………………… 135

序章
新しい学びと学校図書館の機能

　主体的・対話的で深い学びの過程、いわゆるアクティブ・ラーニングという理念は大学教育の改革の中で出てきたものです。資質・能力の育成、社会に開かれた教育課程（カリキュラム・マネジメント）とともに、2017年改訂の学習指導要領の特徴になっています。
　「主体的・対話的で深い学び」の過程の実現には、学校図書館を読書センターという機能だけではなく、教科等の学習と学校図書館と結びつけ、学習センター、情報センターという機能の充実を図ることが必要です。
　そのためには、授業観を変え、図書資料を教材ではなく、学習材としてとらえなおす学習者主体の授業観に変えていくことも大切です。
　また、管理職の理解の下、司書教諭や学校司書が連携・協力して、学校全体で組織的な取り組みに努めることが欠かせません。

○ ☆　**本章のキーワード**　☆ ○

- 学習センター
- 情報センター
- 学習材
- 学びひたる

新しい学習指導要領がめざすこと

1 「主体的・対話的で深い学び」と学校図書館

　2017（平成29年）年3月、新しい学習指導要領が告示されました。学校現場ではにわかに「主体的・対話的で深い学び」、いわゆる「アクティブ・ラーニング」のへの関心が高まってきました。これとあわせて、資質・能力の育成、社会に開かれた教育課程も大きな特徴になっています。

　現行の学習指導要領の特徴である「思考力、判断力、表現力の育成」や「言語活動の充実」も引き継がれています。

　新しい学習指導要領に先立ち、2015年（平成27）年8月に中央教育審議会の教育課程企画特別部会から示された「論点整理」では「指導方法の不断の見直し」が示されました。「学習・指導方法について目指すのは、特定の型を普及させることではな」いとして、次の3点を挙げました。

①習得・活用・探究という学習プロセスの中で、問題発見・解決を念頭に置いた深い学びの過程が実現できているかどうか。
②他者との協働や外界との相互作用を通じ、自らの考えを広げ深める、対話的な学びの過程が実現できているかどうか。
③子供たちが見通しを持って粘り強く取り組み、自らの学習活動を振り返って次につなげる、主体的な学びの過程が実現できているかどうか。

　また、2012（平成24）年8月に出された「新たな未来を築くための大学教育の質的転換に向けて～生涯学び続け、主体的に考える力を育成する大学へ～（答申）」では次のように示されています。

教員による一方的な講義形式の教育とは異なり、学修者の能動的な学修への参加を取り入れた教授・学習法の総称。学修者が能動的に学修することによって、認知的、倫理的、社会的能力、教養、知識、経験を含めた汎用的能力の育成を図る。発見学習、問題解決学習、体験学習、調査学習等が含まれるが、教室内でのグループ・ディスカッション、ディベート、グループ・ワーク等も有効なアクティブ・ラーニングの方法である。

「学習者」（学び習う）ではなく、「学修者」（学び修める）」となっており、学習者の主体性が強調されているのは大学教育について述べたためです。これらは「新しい学び」ともいわれています。

今後の教室での学びは、他者とのコミュニケーションを通して、いっそう探究的、創造的に思考力を養う協働的な学習に向かうことが予想されています。欧米ではもはや、子どもたちの全員が前を向いた一斉講義型の黒板だけを使った授業は前時代的なものとして既に倉庫の奥に入っているのです。二度とこの倉庫から取り出されることはないでしょう。もちろん、教師が全てのお膳立てをしていては子どもの主体性は育めません。

2 アクティブ・ラーニングをめぐる誤解

いわゆるアクティブ・ラーニングは高大接続の改革の中で出てきたことでした。今回の改革は高校がターゲットになっていますが、小学校から大学までを一つの理念で貫く改革にもなっているのです。「主体的・対話的で深い学びの過程」は、言語活動の充実を支える理念であるといえます。

これまでにも大学教育における授業改革の中で、アクティブ・ラーニ

ングを実現するための「学びの技法」として、ジグソー法、ワールドカフェ、ポスター・ツアーなどが取り入れられてきました。

「学びの技法」はたくさんあります。社会人向けの講座ではワークショップ型の学習が多くみられますが、例えばワールドカフェを取り入れたものもみられます。

中学校や高校のアクティブ・ラーニングの授業では、これらの学びの技法が扱われることが多い状況にあります。しかし、学びの技法を取り入れることがアクティブ・ラーニングではありません。

子どもが主体的に学ぶことが大切です。アクティブ・ラーニングは理念的なものです。学びの技法は「主体的・対話的で深い学びの過程」を実現していくための手立てなのです。「学びの過程」なので目的ではないことにも注意をしなければなりません。

子どもがどのようなプロセスをたどりながら学習課題に取り組み、ゴールに向かおうとしているのか、その学習プロセスを見通し、子どもの主体性を引き出す手立てを工夫することが求められているのです。けっして方法ありきではないのです。

3 新しい学びに向けてスタンバイしよう！

総合的な学習の時間が導入されることが決まったとき、学校図書館関係者は「これで学校図書館を大いに使ってもらえる」と、とても喜んだのでした。それから10年以上が過ぎましたが、「学校図書館は本を読む場所」という認識の教師がまだ少なくないようです。学校図書館が読書センターであるという機能についてはかなり浸透しました。

しかし、これからはますます学校図書館を学習センター、情報センターとして教科の学習に活用する必要性が出てきています。

いわゆるアクティブ・ラーニングの中に学習材として学校図書館の資料を活用する実践事例はまだ少ない状況にあります。

序章　新しい学びと学校図書館の機能

本当に子どもが興味や関心を広げたり、疑問を解決したりするためには、内容によっては教科書だけでは足りない学習もあるはずです。

　アクティブ・ラーニングという名の下、形式的な学習者中心主義の授業ばかりが流行し、実際の学びは教科書だけで完結するという従来通りの教室になりかねません。「言語活動の充実」の初期には、「経験あって学びなし」という授業が多くみられました。

　話し合いを取り入れれば、「言語活動の充実」を図っていると誤解されていた感があるのです。「主体的・対話的で深い学び」でも同じような状況を招きかねないことを危惧しています。本書では「言語活動の充実」について実践事例を通して整理しながら、新しい学びの姿を考えていきます。

4 授業観を変えて、みんなで組織的に取り組むことが大切

　学校図書館のように全ての教育活動に広く関係する場合、むしろ教科教育と学校図書館との関わり、すなわち学習センターとしての役割を重視することが大切です。

　そして、指導観を変えていくことも大切です。授業を進める場合、単元計画を立てますが、これまでの授業観では、教材、すなわち「教え込む材料」という考え方が強調されていたように思います。子どもの立場に立った「単元」の中で、「学習材」という視点が不足していなかったでしょうか。「主体的・対話的で深い学びの過程」を実現していくためには、子どもを中心にした「単元」の中で「学習材」という視点が大切です。

　どのように学習を計画し、どのような動機づけで導入を図り、どのように子どもの興味や関心、疑問が立ち上がってくるのか、あるいはどのような学習課題が設定されているのかということを予め想定にしておくことが必要になるでしょう。つまり、子どもはどのように学習を進めて

11

いこうとしているのかという学習者側に立った視点です。

　そのためには、限られた時間の中であっても、学校図書館担当者は、教師とコミュニケーションをできるだけとり、授業のねらいや学習プロセスなどを中心に情報を共有しておくことが大切です。このことについては、実践事例を通してみていきます。

　学校図書館は本を図書資料と呼びます。確かに資料であることには違いありませんが、「教師のために、『資料』を用意する」という学校図書館的な授業観も変えていく必要があります。図書資料を子どものための「学習材」としてとらえなおすように努めることが大切です。このことについても本書では実践事例を通して具体的にみていきます。

　教科での学校図書館の活用を進めていくためには、司書教諭や学校司書などの学校図書館担当者との連携・協力が欠かせません。教師と学校図書館担当者がパートナーシップにより、連携・協力関係をつくるためには、管理職の理解が欠かせません。

　学校図書館担当者は管理職に積極的に学校図書館のことを報告したり相談したりしてみてはどうでしょうか。管理職とともに学校図書館を活用する組織的な取り組みを考えてみませんか。ボトム・アップで少しずつ教師の学校図書館の利活用への理解を広げて、学校図書館を活用できる学校にしていきましょう。

　学校図書館担当者は学校図書館メディアを「学習材」として活かし、子どもにとって豊かな学びを実現していくための手立てを講じるようにしたいものです。そのためにも今から少しずつ準備し、スタンバイしておくことが必要です。とはいっても、これからわざわざ新しいことを始めるわけではないのです。

　本書では、これまでの学校図書館の活用を通して、実践知として積み上げてきたことを改めて整理し、新たに読み替え、「新しい学び」の文脈に位置づけ直していきます。

序章　新しい学びと学校図書館の機能

第1章
資質・能力を育てる学校図書館
～学びひたること～

　時の経(た)つのも忘れて学びひたることの中に、学ぶという営みの原点があります。中学校の国語教師として生涯をささげた大村はまの言葉はそのことを私たちに考えさせてくれます。学力向上は大切なことですが、テストのために暗記した知識はテストが終わると消えてしまいます。これからの時代はますます知識の活用や課題の探究を行う資質・能力が必要になってきます。

○ ☆ **本章のキーワード** ☆ ○

- ➡ 学びひたる
- ➡ 探究心
- ➡ 授業デザイン
- ➡ 連携・協力

深い学びの実現に向けて

1 学びひたること 〜生涯一教師だった大村はま先生に学ぶ〜

　中学校国語教師・大村はま先生を知っていますか。大村先生は74歳で教壇を離れるまで生涯にわたり国語教師として生きました。2005（平成15）年4月17日に100歳を目前に亡くなりました。
　大村先生の残した数多くの言葉に私たちは今も多くを学ぶことができます。彼女が最後に勤めた東京都大田区立石川台中学校では、国語の授業は学校図書館で行われていました。教師が教えなければならないことを見極めてしっかりと教えながらも、学校図書館を活用した探究的な学習を大切にしていました。
　自著で次のように述べています。

> 　誰よりも優れているとか劣っているとか考えるのは、一種のゆるみです。そんな優劣を超えた、いわば優劣のかなたで自分の学習にひたることが大切なのです。
> 　そこでこそ子どもは成長し、その実感と喜びを知るのだと思います。

　晩年、最後まで大村先生が推敲していた自作の詩があります。これは彼女が私たちに残した最後の言葉でもあります。その一部に次のようにあるのです。

　　学びひたり
　　教えひたる、
　　それは優劣のかなた。

> ほんとうに　持っているもの
> 授かっているものを出し切って、
> 打ち込んで学ぶ。
> 優劣を論じあい
> 気にしあう世界ではない
> 優劣を忘れて
> ひたすらな心で、ひたすらに励む。

　大村先生のこの詩は学ぶということは何かを考えさせる本質的な言葉といえるでしょう。学校教育だから子どもの優劣や評価のことについ目がいきがちになりますが、そういうものを超えたところに、まず「学び」というものがあるはずです。人は生涯にわたって学び続ける存在です。

　文部科学省が「主体的・対話的で深い学びの過程」を示しましたが、改めていうまでもなく、誰しもが時間の経つのを忘れて学びひたる経験を持っています。学力向上ばかりに目がいくと、ついこの大切なことを忘れがちになります。

　「深い学びの過程」を実現するための手がかりが、大村先生の言葉から読み取れないでしょうか。

2 探究心を育むことが大切

　2003（平成15）年のいわゆる PISA ショックといわれることがありました。「読解力低下」と大々的に報道され、文部科学省は「脱ゆとり」政策を強く進めてきました。

　PISA 調査問題が求める「読解力」がこれまでの国語科教育のいうところの読解力とは異なっていたため、2003年以降、PISA 型の読解力を養う取り組みも国語科を中心にみられるようになってきました。

15

国は全ての教科等における言語活動の充実の施策にも力を入れてきました。単に文章を読み取るだけではなく、文章をもとに分析したり、読み取ったことを文章に表現したりするなどの活用型の学習が取り入れられるようにもなりました。

　PISA調査の影響力はきわめて大きく、各国政府は順位を上げるのに躍起になっています。PISAは国際的な経済活動での競争力の高い人間を育てることを前提にしているという批判があります。

　暗記したことをテストで再生し、テストが終われば忘れてしまいます。しかし、これまでの学校教育は、どちらかといえば、そういう形で知識の習得を確認してきました。

　もちろん覚えなければならない基礎的・基本的な知識はあります。しかし、それだけでは限界があることはこれまでにも何度も指摘されてきました。知識を活用するということがむしろ大切ではないでしょうか。

　これからの時代は、このような活用力や、課題を探究する力の育成が必要になってくるでしょう。そのためにも、日々の授業の中に「探究的な学び」のプロセスを組み込みながら、じっくりと探究心を育てていくことが大切です。

　学校図書館を工夫して活用することにより、「探究的な学び」に生かしていくことができるのです。

経験を通した
深い学びを実現しよう 2

1 探究的な学習の意義を見直す

　ここで紹介する東京都立小石川中等教育学校は、文部科学省からスーパー・サイエンス・ハイスクール（SSH）に指定され、自然科学教育を特色としています。

　2008（平成20）年当時、理科の授業を担当していた上條隆志教諭（現在は既に退職）の授業では、自分の予想仮説を立てたうえで討論し、実験して確かめるという授業を行っていました。上條教諭は同校が中高一貫化される前の都立小石川高校でも物理を担当していました。論理に基づいて対話・討論できる力を重視する授業を行っていました。

　中学1年の授業では紙飛行機を作らせ、生徒は校舎の外で飛ばしていました。どのようにすれば紙飛行機の滞空時間を長くできるのか、遠くまで飛ばすにはどうしたらいいのか、生徒は紙飛行機の形状を工夫して、何度も紙飛行機を飛ばします。

　教室では紙飛行機を飛ばした経験を言葉にし、自らの知見として言葉によって「見える化」します。予想仮説と比較するのは実験の後というわけです。

　このような授業のほか、物理学の江沢洋学習院大学名誉教授と連携した論文の輪読会や物理部などの放課後の活動を通して、物理学に興味・関心を持った生徒たちがポーランド科学アカデミー主催による国際物理論文コンテスト（First Step to Nobel Prize in Physics：ノーベル物理学賞への第一歩）に応募し、これまでに何度も受賞の栄誉に輝いています。

　上條教諭は、江沢洋学習院大学名誉教授や東京物理サークルといっしょに『教室からとびだせ物理——物理オリンピックの問題と解答』（数

学書房)、江沢氏との共著『《ノーベル賞への第一歩》物理論文国際コンテスト　日本の高校生たちの挑戦』（日本評論社）などにまとめています。

　飛行機を飛ばしながら、子どもたちが相互に話し合う状況が生まれたのです。

2 探究的な学習は知識を習得してからではないとできない？

　知識が先にあってそれを使いこなせるようにするだけではなく、学びの「状況」から出発し、疑問や課題を解決するための探究活動を通して、逆に基礎・基本となる知識が抽出されることもあります。

　「経験」を優先し、「経験」から「知識」として「抽出」していく、練り上げていくプロセスの中で、「知識」を活用できるものにしていくことができます。そういう学習プロセスをとる学びの道筋もあるのです。

　「うちの子どもは教科の基礎・基本の知識がないので、探究活動どころではない。まずは基礎・基本の知識の習得が先だ」という話を聞くことがあります。この言葉は教科の学びを「習得→活用→探究」と直線的にとらえているためではないでしょうか。もちろん教科の内容によっては特に「習得→活用」の段階をていねいに踏まなければならないものも多くあります。

　しかし、紙飛行機の授業例でみたように、「なぜだろう？」「どうしてかな？」という子どもたちの疑問を出発点にした探究活動を通して、「探究→習得→活用」、あるいは「探究⇄習得⇄活用」の双方向の学びとして成立する場合もあるのです。　探究的な学習では、子どもたちに事前の知識がなくても、自ら意味づけすることを通して、逆に知識として発見され、そして定着してゆく場合もあります。必ずしも、「基礎的・基本的な知識の習得　→　その活用や探究」という流れで一方的に向かうわけではないのです。このことについては、本章の「4　学校図書館の活用と授業デザイン」でも触れています。

第1章　資質・能力を育てる学校図書館

教科内容に関わらず「習得→活用」という学習プロセスだけをかたく
なに踏まえていたら、いつまでたっても探究的な学習は導入できないで
しょう。探究型の学習は時間はかかりますし、効率的ではないかもしれ
ません。しかし、効率的に身につけた知識は、テストが終わるとその大
切にしていたはずの基礎・基本の知識が定着しないまま、忘れ去られて
いくという場合が往々にしてあります。

　テストが終われば、そもそも必死で覚えた知識が基礎・基本の知識だ
ったのかさえ、曖昧になってしまうのです。それは学習者にとっては学
習の義務感をもたらし、何のために学ぶのかを見えにくくします。学習
意欲の向上に繋がらないことも少なくないのです。

3 他者との経験を通して学ぶ、ひとや社会から学ぶ

　探究的な学習では、例えば分担して調べたり話し合ったり、場合によ
っては人に聞いたりするなどの場面が少なくありません。お互いに力を
合わせて協働的に学習を進めながら、知識や技能を習得していきます。

　このような学習は、人工知能研究者であるジーン・レイブと人類学者
であるエチエンヌ・ウェンガーによって「周辺的学習」、「状況に埋め込
まれた学習」と名づけられました。学習というのはもともと社会的な特
性を持っているという前提に立つ考え方です。この学習論の背景には、
学校での学習を学校文化の再生産としてとらえる批判的な見方がありま
す。

　子どもたちの視点から見れば、日常の中に学習の資源は埋め込まれて
いるのです。子どもたちはいろいろなことに好奇心を持って発見する力
を持っています。例えば、公園に行けば昆虫や植物に接することができ
ます。学習資源は教科書の中だけにあるわけではないのです。

　紙飛行機を飛ばす授業では、物理の基礎・基本の知識をもとにして紙
飛行機を作った方が効率的なのですが、上條教諭は子どもが「紙飛行機

を飛ばす」という「状況」から学ぶことを優先していたとみることができます。

学びの現実の場で起きる「現象」、学びの姿というものの意味を大切にした見方でもあるのです。

4 学ぶとは創造的な営み

創発という言葉があります。創発とは、「部分の性質の単純な総和にとどまらない性質が、全体として現れること（デジタル大辞泉による）」というものです。言い換えれば、1足す1が2ではなく、それ以上にもなるということです。創発はイノベーティブに物事を創造するという意味において、企業の企画・開発部門などで大切にされている概念でもあります。

例えば、こんなことを経験したことはないでしょうか。授業を構想する段階で、予め子どもたちの学びがどんな姿になるかを想定します。しかし、実際の授業では、予め想定した学びの状況から、時には外れたり時には迂回路を通ったり、思いもしない問いを生んだり、考えもしなかった答えをもたらしたりと、思わぬ展開をすることがあります。

探究的な学習の大きな意義の一つには、このような学びの中に創発的な場面が生まれる可能性があることです。言い換えれば、探究的な学習は創造的な学びにつながるといってもいいでしょう。探究するというのは、創造的な営みなのです。

学校図書館の活用で育てる資質・能力 3

1 学校図書館の活用で育てる資質・能力とは

　学校図書館には、子どもたちが自ら課題を見つけ、自ら課題を解決しようとねばり強く取り組む資質や、課題の解決のため、図書やウェブサイトなどの情報を活用し、自らの考えを組み立てる能力を養うという意義があります。

　21世紀型の新しい学びを展開していくためには、学校図書館を活用した学習においても、より社会とつながりのあるものにしていく必要があるのです。なぜなら、21世紀はよりいっそう他者との共生が求められるからです。だからこそ、忘れてはならないのは、地域の人々や専門家などの他者もまた大切な情報源であり、教育資源（リソース）だということです。

　インターネットが当たり前になった便利な今日では、ついデジタル情報にばかり頼りがちになります。しかし、そういう時代だからこそ、対面のコミュニケーションから得られる情報は温もりのあるあたたかな質感のあるものであり、成長期の小・中・高校生にとっては欠かせないものでしょう。

　コミュニケーションなどの実社会・実生活に生きて働く資質・能力の育成は喫緊の課題です。コミュニケーションを介した学びは、実感を伴って物事の理解を深めるだけではなく、他者との協働的な姿勢を養います。生きる上で欠かせない資質を育てます。

　学校図書館は、子どもたちと知識とが出会い、子どもたちと人とが出会うような交差点となる場所です。仮に所蔵する本が少ないとしても、それを子どもたちに出会わせる人がいることで子どもたちに本や知識と

の出会いが生まれるのです。そして、地域の人々も含めたさまざまな人々がやってくる学びの場であればなおさらです。学校図書館を活用した新たな学びが、生涯の基盤となるような、すなわち生きる上での糧をもたらすはずです。

2 単元の指導計画が大切

　学びというものは、もっとダイナミックなものです。探究的な学習を通して学ぶということにはダイナミックな働きがあるのです。このような考え方は、時代は変わっても、教室の中に経験主義的な教育観として脈々と生き続けています。もちろん「活動あって学びなし」と強く批判されたこともあります。活動は手段であって、目的ではありません。

　「主体的・対話的な学習」では、極論すれば、毎時間の終わりに授業者のまとめ・総括さえも必要ない場合もあります。このことは、「第2章-2.世田谷区立武蔵丘小学校の実践」のところで、実際の授業事例に即して具体的に考えることにしましょう。

　子どもの主体性を重視する学習では、これまで以上に、「単元の目標―指導事項―指導方法―評価方法」の一連の流れの整合性が必要になります。教師は単元の指導計画によって授業の見通しをしっかり持つことが大切です。

　これまでの授業研究では、1時間の授業がどのように展開されてゆくかということに重きが置かれ、実際に多くの校内研修会でも、授業時間内での子どもの様子を「見取る」ことが重視されてきました。

　しかし、これからは、単元の指導計画の中で、その1時間の授業がどのような位置づけなのかを考えることが大切です。単元の指導計画を立てる際には、それが子どもの学びに合っているかという観点から考えることも大切です。

第1章　資質・能力を育てる学校図書館

3 教師と司書教諭、学校司書がゆるやかに連携・協力しよう

「授業デザイン」という視点に立てば、最初に学校図書館ありきということにはなりません。授業デザインによっては、学校図書館の関わりが必要な単元もあれば、関わりが必要のない単元もあります。

これまでの学校図書館を活用した探究的な学習では、司書教諭や学校司書が教師の求めに応じて「資料」を用意するという状況が多かったようです。つまり、授業の補助的な役割です。しかし、これからはもっと積極的な関わりをしないと、何も変わりません。

司書教諭や学校司書の配置のない学校の場合は、図書館係として校務分掌に学校図書館担当者を置いている学校もあります。

授業デザインの視点からすれば、学校図書館が所蔵する「資料」という発想を変えてみてはどうでしょうか。

教師とともに、どのように学校図書館の多様な「資料」を「教材化」してゆくか、という観点に立つことが大切です。「主体的・対話的で深い学びの過程」では、子どもの視点に立ち、子どもの学びを見通し、「教えるための材料（教材）」ではなく、「子どもが主体的に学ぶための材料（学習材）」という捉え方をしてみてはどうでしょうか。

子どもの主体的な学びを実現し、思考をより広げたり深めたりするためには、教師と司書教諭や学校司書が授業観を共有し、ゆるやかに教師の授業デザインを共有することが大切です。

「ゆるやかに」というところがポイントです。司書教諭や学校司書は、自分の専門性の部分をうまく活かして、教師と連携・協力関係を築きましょう。

授業をマネジメントしてゆくのは教師ですが、司書教諭や学校司書は教師の学習材化に関わり、そして支援することによって、同じ目線で学びを捉えることができるようになります。学校図書館担当者も授業をデザインする当事者といえるでしょう。

4 学校図書館の活用と授業デザイン

1 学力の3要素とは?

　「アクティブ・ラーニングによって、いよいよ学校図書館の出番となり、追い風が吹いてきた」という声を聞くことがあります。しかし、手放しで喜んでいる場合ではないでしょう。「主体的・対話的で深い学びの過程」、いわゆるアクティブ・ラーニングに代表されるような学習の中で、学校図書館の出番はあるはずです。そのためには、学校図書館の多様なメディアを用いるという発想が必要です。学校図書館の学習センター、情報センターとしての機能や役割が、どのように教科等の授業を支援できるかを考えていくことが大切な視点になります。

　現行の学習指導要領における学力の捉え方は、次の3つです。

- ・基礎的な知識および技能の習得
- ・それらを活用して課題解決を図るために必要な思考力・判断力・表現力その他の能力
- ・主体的に学習に取り組む態度

　これらの学力の3要素を実現するために、創意ある教育課程の編成・実施・評価・改善、いわゆる PDCA が必要といわれています。ちなみに PDCA とは、Plan（計画）–Do（実行）–Check（評価）–Action（改善）の頭文字を並べた略語です。管理業務を改善する手法の一つで、以前は企業で主に使われてきた用語です。近年は組織的な学校運営が必要だといわれていますので、この言葉も学校教育に頻繁に用いられるようになってきました。

第1章　資質・能力を育てる学校図書館

2 これまでの授業、これからの授業～授業デザインという考え方を取り入れよう～

　次に、授業観について考えてみましょう。

　これまでの授業では、ある課題に対して、子どもがどのように対象を認知するかということは、あまり問題にされてきませんでした。

　2014（平成26）年3月に出された「育成すべき資質・能力を踏まえた教育目標・内容と評価の在り方に関する検討会」の論点整理の中で、現行の学習指導要領の教育目標と内容を次の3つに分けて考えました。

・教科等を横断する汎用的なスキル（コンピテンシー）等に関わるもの
・教科の本質に関わるもの（教科等ならではの見方・考え方など）
・教科等に固有の知識や個別スキルに関するもの

　これらは、2017（平成29）年改訂の小・中学校の学習指導要領に生かされています。

　これまでの授業観では、授業は教師が計画したことをシナリオ通りに進めてゆくという捉え方がなされてきました。しかし、授業は計画通りには進みません。授業は生きもののようなものです。授業では思ってもいなかったような子どもの答えが出ることが少なくありません。そのような答えは教師を戸惑わせもしますが、同時に子どもを揺さぶり、思考を深めたり広げたりすることにもつながる場合が往々にしてみられます。

　子どもとの関わりを重視すればするほど、このような想定不可能な事象の出現は避けられないのです。子どもは教室の中で教師の言葉だけではなく、他の子どもの発言からも多くのことを学んでいます。「授業デザイン」という考え方があります。授業は教師と子どもとの関わりだけではなく、子どもと子どもの相互の関わりの中でも生成・発展・深化していきます。授業デザインは、授業をそのような相互作用として捉え、子どもの学びの姿をよりいっそう重視する考え方といえます。

教師は単元の指導計画、毎時間の指導計画を立てますが、授業は1時間ごとの教師の予定調和的なシナリオ（例えば、単元の指導計画）の中で完結されるものではありません。授業では、その場その場に子ども一人ひとりに起きるリアルな「出来事」が「次の学び」へとつながってゆきます。したがって、教師には授業をそのような「出来事」の連続体として捉え、「出来事」同士を関連づけ、学びを引き出してゆくことが求められます。言い換えれば、教師には、どのように子どもが自ら「出来事」同士をつなげて、そして、意味づけをしてゆくか、つまり、子ども自らが学び取ってゆくための指導が必要になります。

　この点から見れば、教師の関わりは、事前の授業計画を計画通りに実現してゆくというものではないことがわかります。教師は子どもの意味づけを促すという役割になります。したがって、子どもが学び取ったことを意味づけができるかの見通しが必要になります。意味づけをするために必要な基礎的・基本的な知識があれば、あらかじめそのような知識を習得させる必要があります。

　対話的な学習を進める場合には、子どもの意味づけが間違っていたり、意味づけができていなかったりすれば、当然、子どもに気づきを促すための手立てを工夫したり、教師の積極的な説明が必要になります。

3 主体的・対話的で深い学びとはなんだろうか

　「主体的な学び」と「対話的な学び」を実現するためには、「なぜだろう」「どうしてだろう」という子どもの内発的な動機づけを図ることが大切です。子どもが自らが「問い」を持つことが出発点になります。

　では、そもそも「主体的」とはどういう状況でしょうか。

　「主体」の反対は「客体」です。学習の場面での「客体」とは「他者」のことです。

　学びの「主体」を立ち上がらせるには、共に学び合う「他者」である

第1章　資質・能力を育てる学校図書館

仲間が必要です。さらに、「対話」ではなく「対話的」ということを学校図書館の活用に即していえば、「自己との対話」、「本（メディア）との対話」、「他者との対話」の３つがあります。

　そして、「自己」もまた「内なる他者」です。「自己」を客観的に捉えるということです。読書では、本を介した「自己との対話」の時間が生まれます。

　では、「深い学び」とは何でしょうか。

　筆者は「学びを通して子ども自らのものの感じ方や考え方が変容すること」や「その変容を子ども自身が認識すること」だと考えています。

　学ぶ前と学んだ後で「〜に気づいた」「〜を知った」と新たな気づきが生まれることです。そして、子ども自身の言葉で、自然とその気づきが語られるようになった時、そこに「深い学び」が生まれたといえる場合があるのではないでしょうか。

　しかし、いつも「深い学び」が成立するとは限りません。「深い学び」は教師の手中を離れて、子どもの側にあります。教師がいくら力を入れて「深い学び」をつくりだそうと子どもに働きかけても、その意図がかえってあだになってしまう場合もあります。

　教師にできることは、子ども側の環境を整え、子どもが学びに向かおうとする気持ちを引き出すことです。「教え込むこと」はもちろん大切ですが、教え込みすぎないこと、もう少し待ってみることも大切です。

　新しい学びはそんなことを私たちに求めています。言い換えれば、教師には「メンタリング」を心がけることが求められているのです。メンタリングとは、指示や命令に頼らず、気づきを促すことを通して、自立と自律を支援していく関わりの仕方をいいます。

　現在の教室の学びには、指示や命令が必要以上に多すぎます。

　近年、企業での人材育成に取り入れられている視点で、カウンセリング心理学ではよく取り上げられてきた考え方です。しかし、これは指導せずに支援するということではないのです。

実生活・実社会に生きて働く資質・能力を育てる学校図書館 5

1 幅広く応用がきく能力「汎用的な能力」を育てる〜大学教育にヒントがあった〜

　幅広く応用が効く能力のことを「汎用的な能力」といいます。実生活のさまざまな場面で活かせる能力です。社会生活でも幅広く応用がきく、生きて働く能力のことです。英語では、ジェネリック・スキル（generic skills）といわれます。この「汎用的な能力」は、先に大学教育の方で必要性が具体的に示されました。

　今回の教育改革は、その前段階となる初等中等教育と一体となって行うものです。小学校から大学まで整合性を持たせようとしています。

　保育園は厚生労働省の管轄ですが、幼稚園と保育園が一体となった認定こども園にみられるように、幼児教育でも一体化が図られています。

　幼・小連携や義務教育学校の新設にみられるように、すでに義務教育での校種間の接続は意識され始めています。

　今後は高校と大学の接続が入試改革と併せた改革の大きな特色です。学習指導要領改訂はその前段階の整備としてみることもできるのです。

2 小・中学校、高等学校改革の背景〜アクティブ・ラーニングという言葉の意味とは〜

　初等中等教育改革の背景として、2008（平成20）年の中央教育審議会答申「学士課程教育の構築に向けて」の影響があります。この答申では汎用的な能力を「汎用的技能」と表しています。「知的活動でも職業生活や社会生活でも必要」であると位置づけました。「コミュニケーション・スキル」「数量的スキル」「情報リテラシー」「論理的思考力」「問題解決力」の5つが「汎用的技能」として挙げられています。このような

能力は、各専攻分野に共通する「学士力」として捉えられました。

　一方、産業界では「社会人基礎力」や「エンプロイヤビリティ（雇用可能性）」という概念を提唱しています。学生が社会人になる前に大学で身につけさせてほしいという要請があったのです。

　そのような動きの影響もあったのでしょう、2012（平成24）年8月に出された文部科学省の答申「新たな未来を築くための大学教育の質的転換に向けて〜生涯学び続け、主体的に考える力を育成する大学へ〜」の用語集でアクティブ・ラーニングは次のように示されました。

教員による一方向的な講義形式の教育とは異なり、学修者の能動的な学修への参加を取り入れた教授・学習法の総称。学修者が能動的に学修することによって、認知的、倫理的、社会的能力、教養、知識、経験を含めた汎用的能力の育成を図る。発見学習、問題解決学習、体験学習、調査学習等が含まれるが、教室内でのグループ・ディスカッション、ディベート、グループ・ワーク等も有効なアクティブ・ラーニングの方法である。

　「認知的、倫理的、社会的能力、教養、知識、経験を含めた汎用的能力」とありますが、能力の範囲を社会にまで広げています。知識だけではなく、教養も大切です。倫理的能力も汎用的能力に含んでいます。いくら社会で生きて働く能力といっても、倫理的な観点がなければ大きな誤りを生む場合もあります。例えば、生命倫理の問題では知識の使い方が問題にされます。また、企業の不正隠蔽などの事例をみれば、いかに倫理的な観点が必要かはわかると思います。

　また、個々人として、あるいは集団としての経験も必要になります。むしろ、社会では知識だけでは解決できる問題はほとんどなく、個人の倫理観、培ってきた教養や経験が総動員されることになります。そういう意味では、大学教育で育てるものは、能力だけではなく、さまざまな資質も含んでいるといえるでしょう。

3 資質・能力の育成について考えよう

　新しい学習指導要領を受けて、今後はいっそう授業の工夫・改善が求められていくでしょう。大学教育の改革から、教育改革が始まっていたのです。そういう意味で、いま最も授業改善の動きがダイナミックに進んでいるのは大学です。講義一辺倒だったという大学の授業は大きく変わり始めています。これからの授業をよりよいものにしていくヒントが隠されているかもしれません。

　汎用的な能力に関する大学教育の考え方は、2017年改訂の学習指導要領に生かされました。「新しい時代に必要となる資質・能力の育成と学習評価の充実」として次の３つが示されました。

・学びを人生や社会に生かそうとする学びに向かう力
・人間性等の涵養、生きて働く知識・技能の習得
・未知の状況にも対応できる思考力・判断力・表現力等の育成

　小学校から大学までの教育を貫く理念として、日々の教育活動に生かすことが期待されています。

【まとめ】

1．学校図書館を活用した探究的な学習では、子どもの探究心を大切にしながら、実社会・実生活に生きて働く資質・能力を育成していくことが必要である。

2．「主体的・対話的で深い学び」の実現のためには、教師が教えることと子どもが自ら考えることを分けて考えるなど、授業観を少しずつ見直していく必要がある。

第1章　資質・能力を育てる学校図書館

第2章
挑戦する小学校

　2017年改訂学習指導要領では、総則前文に「社会に開かれた教育課程の実現」の重要性が示されました。学校図書館の活用も観点から捉えることにより、社会との連携・協働の意味が具体的になります。

　読書活動には楽しみのための読書「娯楽読書」と調べるための読書「情報読書」があります。これからの学校図書館の活用では、娯楽読書のいっそうの充実はもとより、教科等で探究的な学習として情報活動を導入することにより、子どもたちの学びをよりいっそう豊かにしていくことができます。

　そのためには、子どもたちの疑問を「問い」として大切にし、子どもがじっくりと「問い」に向き合い、考えを深めていくように授業をデザインすることが大切です。

○ ☆ **本章のキーワード** ☆ ○

- ➡ 社会に開かれた教育課程の実現
- ➡ 対話的な読書
- ➡ 娯楽読書
- ➡ 情報読書
- ➡ 探究的な学習

子どもたちの学びを
よりいっそう豊かにするために

1 「社会に開かれた教育課程の実現」と子どもたちの学び

　2017年改訂の学習指導要領では総則編の前文に、次のように示されました。

2017年改訂の学習指導要領総則の前文（一部抜粋）

> 　教育課程を通して、これからの時代に求められる教育を実現していくためには、よりよい学校教育を通してよりよい社会を創るという理念を学校と社会とが共有し、それぞれの学校において、必要な学習内容をどのように学び、どのような資質・能力を身に付けられるようにするのかを教育課程において明確にしながら、社会との連携及び協働によりその実現を図っていくという、社会に開かれた教育課程の実現が重要となる。

　このように「社会に開かれた教育課程の実現」という新たな概念が提案されたことになります。

　これまでにも、例えば小学校では、道徳、生活科や総合的な学習の時間などで学校の外部の人たちが教育活動に関わるケースが多くみられました。地域のボランティアが読み聞かせを行う学校も多くみられます。また、中学校では、例えば、キャリア教育として行われる職場体験学習で、地域の人たちがゲストティーチャーに招かれることも多くみられます。

　このような「開かれた学校づくり」の一環としての取り組みは、学校の教育活動に対して保護者や地域住民が協力するというものです。閉鎖的な学校教育をオープンにするためであり、学校を外に開くことに主眼が置かれていました。

地域運営学校（いわゆる「コミュニティ・スクール」）もまた学校の応援団として、地域の人びとが教育活動にさまざまな協力をしています。教師への負担をかけず、自律的に活動をしています。

　しかし、「社会に開かれた教育課程」は、教育内容・方法にまで踏み込んで保護者や地域住民と連携・協働することを示唆しています。協力ではなく、前文に示されたように「連携及び協働」です。外部の人たちは学校と対等的な立場にいっそう近くなります。学校図書館を活用した教育もまた開かれたものにしていく必要があるのです。

　ネット社会の進展の中で、スマートホンが子どもたちにも普及しました。LINE のような SNS（ソーシャル・ネットワーク・サービス）は、親しい者同士の間でコミュニティを形成します。子どもたちはそのように閉じられた狭い交際範囲で生活しています。このような「親密圏」の中にいるだけでは、子どもたちの経験は広がっていきません。読書活動は「親密圏」に住まう子どもたちを、社会的な広い世界、「公共圏」に連れ出します。

　例えば、本章で報告している「読書のまち宣言」をした白川町立白川小学校の読書活動は「読書のまち」づくりの一環として位置づけられています。

　山形県東根市立長瀞小学校の読み聞かせボランティアと学校の関係もまた協力関係から一歩踏み込んだ関わり合いになっています。読み聞かせの内容が教科の学習から独立したものとして行われるのではなく、ボランティアが学校側と相談し、教科の内容に応じた読み聞かせになっています。校長が積極的にボランティアに関わっています。校長のリーダーシップの在り方も私たちに示しています。

2 「深い学び」には「問い」が大切

　これまで、教師は子どもの理解度に焦点を当てて子どもを見取ってき

ました。しかし、これからの21世紀型能力といわれる汎用的な能力を身につけるような新しい学びでは、子どもが次のようなことを考えることが大切です。

子どもの考えを深く導く問い

- ・どうしてそこに着目したのか
- ・それはどういうことなのか
- ・なぜそうといえるのか

　これらは、子どもの学びを「意味を問う学び」に転換していくために必要な「問い」です。

　学習課題の解決までの学習過程の中で、このような「問い」が子ども同士で共有されると、深い思考に導かれていきます。そのように授業をデザインすることが大切です。

　では、どのような工夫が必要なのでしょうか。

子どもの「問い」を生み出し、「問い」を大切にし、「深い学び」を導く工夫

- ・教師は子どもにどのようなことを学んでもらいたいのかを明確にしておく。
- ・学習の仕方や見通しを「見える化」して明確に示す。
- ・子どもの感想や疑問をみんなで共有する。
- ・子どもが自らじっくり考える時間を設ける。
- ・子どもの疑問を引き出す学習を大切にする。
- ・子どもが疑問点を共有し、疑問を「問い」として生み出す瞬間を大切にする。➡教師は辛抱強く待つ

　　※教師が子どもたちの考えから「問い」として示す場合もある。
- ・子どもが「問い」を解決する時間を十分に設ける。
- ・導いた「問い」の答えを子ども同士で共有する時間を設ける。

子どもたちが動き回りながら学習に取り組んでいたとしても、それは一見すると活動的に見えるものの、学習としては成立していない場合も見受けられます。

　子どもが「我がこと」として考えてみようと思うような「問い」が設定されるためには、導入時や単元のはじめの段階で、子どもの思考を深めたり練り上げていったりする学習過程が必要になります。

　本章で紹介した世田谷区立武蔵丘小学校の5年国語科の授業では、「問い」を深める学習過程が大切にされています。

　これまでの探究的な学習で学校図書館を活用する場合、疑問の解決に学校図書館の図書などを資料として活用することはよく行われてきました。

　しかし、これからはむしろ「問い」を生み出したり、「問い」をよりいっそう理解したりするために、学校図書館の図書を活用してはどうでしょうか。それは資料としての図書ではなく、学習材という視点としての図書ということになるのです。

　例えば、小学校低学年では、単元に入る前に関係する本を読み聞かせすることにより、単元に入った時に子どもたちに対して、読み聞かせの本と単元の内容の関連性を問う働きかけをすることができます。子どもに新たな気づきが生まれれば、その気づきを「問い」として教室で共有することができます。

　次に、そこから並行した本の読書に移る場合にも「問い」は大切です。子ども自身が本を選ぶ際に、教室で共有した「問い」を認識し、その後も目的意識を持って本を読むことができるようになります。

　「問い」が子ども自身のものでなければ、いくら活動的に学校図書館の図書などを活用したとしても、単に与えられた課題に取り組んでいるだけでしかなくなってしまいます。子どもにとっての「問い」を考えることは、子どもに「問い」を丸投げしてしまうことではけっしてないのです。教師が子どもの立場に立って授業をデザインしていくために欠かせない視点ではないでしょうか。

子どもたちの「主体的・対話的で深い学び」のすがた
~東京都世田谷区立武蔵丘小学校の実践~

1 学び合う子どもを育てる

　学習指導要領では、思考力・判断力・表現力の育成を図るための言語活動の充実を通して各教科・科目の指導事項の達成が目指されてきました。「言語活動の充実」では、子どもの主体性、言い換えれば自発性や能動性を引き出すことが大切にされてきました。

　小学5年の国語科で試みられた「主体的・対話的で深い学びの過程」を目指した授業について詳細に考察してみましょう。授業では単元の後半に関連した図書を並行して読んでいます。

　世田谷区立武蔵丘小学校（土橋稔校長・当時）の5年生の国語の授業を例に考えます。武蔵丘小学校の高学年部会では研究主題を「学び合う児童の育成」として、「筋道を立てて考え、根拠を明らかにしてよりよく解決する力や他者を意識し、わかりやすく話そうとする力を育てる」ことをめざしています。従って「めざす児童像」も「根拠を明らかにして考えを深め、相手にわかりやすく伝えようとする子」を設定しています。授業者は学級担任の伊東峻志教諭です。

2 単元計画がとても大切

　単元名は「伝記を読んで考えよう」とし、全7時間の単元としてデザインされています。教科書教材は司馬遼太郎の「洪庵のたいまつ」（三省堂、単元名「人物の生き方について考えよう」）です。この作品は、江戸末期に生まれた蘭学医の緒方洪庵の伝記ですが、司馬が小学5年に向けて教科書用に書き下ろした作品です。

国語科では、子どもには「叙述を表面的にとらえるところで思考が止まり、自分の経験や考えに結びつけたり、自分の考えや友達の考えを結びつけたりするまでには至っていない」という実態がみられました。

　この問題意識に即して、伊東教諭は、叙述に即して読み取ったことや考えたことを考えの根拠となることを明らかにしながら伝え合うため、話し合いという交流の言語活動を通して、友だちの言葉を手がかりにしながら、自己の考えを深めてゆくことをねらいとして授業をデザインしました。

　単元の目標を「登場人物の行動や生き方に着目して読み、人間の行動や生き方について、自分の考えを深める」と設定しました。

　単元の評価規準は次のとおりです。

・人物の行動や生き方について、自分の考えを持ちながら読もうとしている。　　　　　　　　　　　　　　（国語に対する関心・意欲・態度）
・人物の考え方や生き方をとらえて読み、人の生き方について自分なりの考えを持つことができる。　　　　　　　　　　　　　　（読むこと）

　子どもたちの深い思考を引き出そうとする場合、45分という1時間の授業の中だけでは区切りがつけにくい場面も少なくありません。このような授業では学びの連続性の意味でも、単元計画が大切なのです。

　単元の計画案をみてください。学校図書館担当者が指導・支援に関わることで、より充実した学びを実現できると筆者が考えた内容は、表の中にゴシック体の文字で示しました。学校図書館担当者の主体的な関わりが期待できる内容です。

単元「人物の生き方について考えよう」の計画案

次	時	学 習 活 動	評 価
1	1	**「伝記を読もう！」伝記を読んで自分を広げよう** **『洪庵のたいまつ』を読んで感想を持つ** ①伝記って何だろう？　読書経験や知っていることを伝え合う ②教師の伝記紹介を聞き、学習のゴールのイメージをつかむ ③『洪庵のたいまつ』の読み聞かせを聞く ④タイトルの「たいまつ」について考える ⑤感想を書く	・作品の全体から心惹かれるところを見つけ、感想を書いている。
	2	**感想を共有しよう** ①学習の見通しを持つ ②座席表を読み合う^{注)} ③**並行読みする伝記を選ぶ** ④学習感想を書く	・作品の感想を共有し、自分の考えを深めている。
	3	**洪庵の生涯を読み解いて、自分の考えを伝えよう1** 　　場面1〜4 ①めあてと全体の流れを確認する ②前時の感想を座席表で読み合う ③場面1〜4をグループでリレー読みをし、内容を理解する ④場面の時代、場所、出来事を全体で確認をしてイメージをつくる ⑤ワークシートの問いをグループで読み解いていく ⑥読み解いた内容を全体で共有する ⑦学習の振り返りを書く	・洪庵の生涯を時代に分けて考え、叙述に基づいてまとめている。 ・洪庵の生き方について自分なりの考えを理由と合わせて述べている。
	4	**洪庵の生涯を読み解いて、自分の考えを伝えよう2** 　　場面5〜7 ①めあてと全体の流れを確認する ②前時の感想を座席表で読み合う ③場面5〜7をグループでリレー読みをし、内容を理解する ④場面の時代、場所、出来事を全体で確認をしてイメージをつくる ⑤ワークシートの問いをグループで読み解いていく ⑥読み解いた内容を全体で共有する ⑦学習の振り返りを書く	・洪庵の生涯を時代に分けて考え、叙述に基づいてまとめている。 ・洪庵の生き方について自分なりの考えを理由と合わせて述べている。
	5	**『洪庵のたいまつ』で学んだことって何だろう？** ①めあてと全体の流れを確認する ②自分の考えをまとめる ③全体で共有する ④自分が受け取った「洪庵のたいまつ」とは？ ⑤自分の考えをまとめる	・洪庵の生き方について自分の考えを理由と合わせて述べている。
2	6 7	**伝記を読んで、自分の考えをまとめる** ①自分の気にいった人物について描かれた伝記を読み、その人物の生き方や考え方をまとめる ②選んだ人物の生き方や考え方について友達と交流する	・文章をもとに、選んだ人物の生き方やそれに対する自分の考えを書いている。

注）座席表に一人ひとりの児童の感想を記したプリント

3 子どもの主体性を引き出すための「問い」

伊東教諭の教材と授業への考え方をみてみましょう。

教材に対する理解

江戸時代末期に適塾を開き、明治という新しい時代に活躍する人材を育てた洪庵の生き方が描かれている。（中略）作者の洪庵に対する思いが随所に書かれており、人物の人柄や業績が捉えやすくなっている。

↓

子どもの実態

一人では文章の読み取りが困難な子どもや授業の参加に波のある子どももいる。

↓

授業デザイン

①友達との学び合い活動を中心に置くことで一人ひとりの子どもたちが友達と関わり支えられながら学習に主体的に取り組む授業。
②教師と子どもの一問一答により「読み取らせたい内容を読み取らせる」のではなく、グループでの協働的な読み取りを中心に学習を進め、「友達と読み合いながら、読みを作っていくこと」を学習の中心に据える。
③事前に考えた自分の考えをただ発表するグループ学習ではなく、読んで感じたそのままを対話しながら自分の考えを言葉にしていく。

「授業デザイン」の③は「対話的なコミュニケーション」による学習です。この場合の教師の役割は、子どもの読みのつまずき、つまり誤読や読みの浅さを把握し、子どもだけでは解決し切れないものに絞って指導するということになります。時間もかかる上に、どれだけ教師が待てるかということにもなるでしょう。

伊東教諭の授業は、次のような特徴を持っています。

授業の特徴

①初発の感想（最初の通読後の感想）は、子どもの問題意識として常に大切にし、子どもに確認することにより、子ども同士で共有し、子どもが一貫した問いとして意識するようにしていたこと。

②子どもの初発の感想から導かれた6つの学習課題が設定され、主体性を引き出しつつ、班での協働的な学習により、課題の解決を行う学習が単元の中心に置かれていたこと。

> 1．自分と結びつくところはないかな?
> 2．この部分を読んでどう思った?
> 3．疑問点を書いて解決しよう
> 4．洪庵が塾生に教えたかったことは何?
> 5．洪庵はなぜ適塾を開いたの?
> 6．奥医師を断った洪庵の行動に賛成? 反対?

③人物に対する興味・関心を高め、伝記という子どもがあまり読まなくなった読み物に着目し、子どもの読んでみようという意欲を促すとともに、考えたことをまとめるという読書の交流活動が工夫されていたこと。

第2章 挑戦する小学校

学習の流れを示した板書

　子どもの答えを想定した場合、6つの課題のうち、「4．洪庵が塾生に教えたかったことは何？」と「5．洪庵はなぜ適塾を開いたの？」は内容的に重複するという問題があるので精査が必要です。とはいえ、この単元の全体に一貫する中心的な問いになっています。

4 子どもの学びのすがた～対話という話し合いを通して学習課題を解決する～

　ある班の子どもたちの学びのすがたをみてみましょう。

ある班の子どもたちの学びのすがた

　6つの課題のうち、「4．洪庵が塾生に教えたかったことは何？」を選び、班での話し合いが進められました。

対話しながら課題に取り組む子どもたち

・子どもたちは次の洪庵の「訓かい」に着目しました。課題解決のための手立てとして、子どもたち自らが主体的に「訓かい」の分析を選んだのです。

> 医者がこの世で生活しているのは、
> 人のためであって自分のためではない。
> けっして有名になろうと思うな。
> また利益を追おうとするな。
> ただただ自分をすてよ。
> そして人を救うことだけを考えよ。

・ある子どもが「自分をすてるとはどういう意味だろう」という問いを他の子どもたちに問いかけました。
・他の子どももうなずき、沈黙の後、ある子どもが「しかも、『ただただ』って書いてあるね。どうしてだろう」と発言しました。
・すぐに「自分を捨てる」を他の言葉に置き換えて表現できる子どもはいません。
・長い沈黙が続きます。
・とても小さな声でそれぞれの考えが出されました。
　「自分を捨てたら何もできないけど…」
　「そういう意味での『すてよ』ではなくて、人のために本当に何かやってあげようとしたら自分のことは捨てないとできないってことなんじゃないかな…」

　この学びのすがたには新たな気づきが生まれた瞬間がみられます。
　子どもたちは聞き取れないような小さな声で言葉を発しました。他の子どもたちはそれを聞き合っていました。本当の話し合い、言い換えれば、学びが成立している話し合いというのは、けっして言葉が流暢だっ

たり発言量が多かったりするというような見た目の活発さではないのです。

　たとえ、たどたどしい言葉ではあっても、何とか紡ぎ出そうとする言葉と、それを真剣に聞き合おうとする子ども同士の主体性・協働性の中にこそ、学びが成立しているのです。

　「言語活動の充実」では「話し合い活動」を取り入れる学習が目立ち、いわゆるアクティブ・ラーニングでもその傾向が想定されます。しかし、学びを成立させるための話し合いは、子ども自身が教材から何を学び取ろうとしているのか、前述の対話的な話し合いにみられるように、教師が教材を学習材として機能させることに尽きるでしょう。

5 授業を積極的に支援する学校図書館担当者の役割とは

　単元の後半では、他の子どもと「洪庵のたいまつ」を読み取った経験を生かして、並行して読む読書活動により伝記を読み、読後に発表するという学習が取り入れられています。

　伝記は、読書への興味・関心をノンフィクション分野に広げるための有効な手立てになります。

　前半のグループの話し合い活動でさまざまな見方や考え方に触れ、自己の考えを作り出す経験をしましたが、これを後半の伝記を読むという読書活動に生かすための工夫として、読後に「選んだ人物の生き方や考え方について友達と交流する」という言語活動を設定しています。

　本単元における子どもの主体性は、並行読みをする読書活動の工夫によっていっそう促されたと考えられますが、さらに主体的で対話的な学びの性格を引き出すためには、伝記を選ぶ段階から班での話し合いを取り入れることが必要です。

　教師は読書活動の伝記をただ与えるという発想ではなく、子ども自身がそれぞれにどうしてその伝記を選んだのかを大切にし、子ども自身が

選書した意味を自らが認識するように指導することが大切です。

　このような取組みは、子どもの読書行為を個人の中に閉ざしたままにしておくことではなく、子ども同士の小さな「読書コミュニティ」として機能させる働きかけにもなります。

　単元の指導計画案にゴシック体の文字で示したように、伝記を子どもが選ぶ段階では、学校図書館担当者の出番があります。

　今の子どもは伝記と出会うきっかけはなく、伊東教諭のクラスでも本単元以前に伝記を読んだことがある子どもはほとんどみられませんでした。単元を終えても、継続して他の伝記を読む子どもがみられるようになったそうです。

　学校図書館担当者は、教師の求めに応じて、伝記をただ選書して示すということでは十分ではありません。小学校では、次の観点で選書に当たるとよいでしょう。

並行して読む本を選書するときに気をつけたいこと

- ・読書の本が内容的に発達段階に即した本であるか。
- ・学年別配当漢字の観点からみて無理がないか。

　学校図書館担当者は、伝記を選べない子どもや、選んだ伝記に途中で興味・関心が持続できなくなってしまう子どもへの指導・支援も必要です。

学校図書館担当者の授業への関わり方の工夫～伝記を例として～

- ・単元の学習内容に関連する読書用に適した本は限られるため、日頃からテーマに応じた読書のブック・リストを作り、少しずつブック・リストを増やしていく。
- ・子どもが人物について何の予備知識さえ持っていなければ、表紙の印象だけでただ何となく伝記を選んでしまうので、伝記のブック・リス

トを用意し、簡単に人物紹介をすることにより、子どもが伝記を選ぶ
際の参考にしてもらう。
・子どもが本を選ぶ前に、それまでの学習を踏まえて、伝記の選び方に
ついて説明する。
・伝記を読む楽しさについて話すなどして、子どもの伝記を読む興味や
関心をいっそう引き出す。

　ただし、学校図書館担当者は、このような並行読みへの積極的な関わ
りとともに、子どもが選書理由や感想を交流する工夫を提案してはどう
でしょうか。このような関わり方は、学校図書館の図書が「資料」では
なく、「学習材」や「読書材」として位置づける意味があります。
　このような学校図書館関係者による指導・支援は、「主体的・対話的
で深い学びの過程」に学校図書館が読書活動を通じての関わり方の工夫
といえます。「読書材」の選定にしても、学校図書館担当者は、授業を
行う教師の求めに応じて選書するというのではなく「読書材」としてど
のように用いるのか、単元の指導計画の中での教師による「読書材」の
活用方法を理解したうえで関わることが大切です。
　これからは学校図書館担当者が教師とコミュニケーションを図り、授
業構想を共有し、新しい学びを支えるための役割を持つことが大切です。
　授業デザインは学校図書館のデザインと不可分の関係にあります。
　ただし、最初からこのような取り組みが円滑にできるのはベテランの
学校図書館担当者だけでしょう。
　だからこそ、授業をする教師を大切なパートナーとして、積極的な関
わりを試みることを通して、経験知が蓄積されていきます。そして、専
門性がより高められ、より磨かれてゆくのです。
　学校図書館担当者は主体的なOJT（オン・ザ・ジョブ・トレーニング）に
より、日々の実践を通して自らの力量形成に努めたいものです。

【まとめ】

1. 単元に関連した読書活動では授業者と学校図書館担当者が授業デザインを共有し、読書の動機付けや本の選択などの場面において、学習者への積極的な指導・支援をすることができます。

2. 伝記は読書への興味・関心をノンフィクション分野に広げるための有効な手立てになるので、学校図書館担当者は継続して読書案内に努めることが大切です。

3. 学校図書館担当者は授業を行う先生を大切なパートナーとして、さまざまな積極的指導・支援を試みることを通して、自らの力量形成が図られ、専門性を高めることができます。

※本項をまとめるに当たっては、2015年度世田谷区立武蔵丘小学校の校内研修会の資料を参照するとともに、必要に応じて引用しました。

言語活動の工夫 3
～情報活用能力を育てる「探究的な読書活動」～

1 読書活動を探究的な学習へ発展させる

　2001（平成13）年の「子どもの読書活動の推進に関する法律」の施行以来、「子ども読書活動推進計画」の策定が義務づけられ、読書活動は全国の小学校、中学校、高校に浸透しました。行政主導であったものの、読書の意義が認識され、学校教育にさまざまな形で読書活動が取り入れられるようになりました。楽しみのための読書です。

　読書には楽しみのための娯楽読書のほか、調べるために読む「情報読書」があります。二者を経験することが読書生活の充実には必要です。

　教科の学びに図書を活用した調べるための読書、知的好奇心を育てるための主体的な読書活動に関心が集まりつつあります。これをどのように広げていくか、多くの学校で模索が始まっています。では、娯楽読書の次の段階として、情報読書はどのように取り入れればよいでしょうか。

　探究的な学習は必ずしも単元の終わりに発展的な学習として時間をかけて実施するものばかりではないのです。多くの時間をあてた探究的な学習はなかなか導入しづらいものです。しかし、単元の導入として行う小さい探究的な学習であれば、さまざまな単元で繰り返し行うことも可能です。調べることを習慣化することが大切です。大がかりなものばかりである必要はないのです。

　また、探究的な学習は、教科の中で扱うことに限定せず、単元の内容が他教科と関連している場合には、他教科の中で扱ってもよいでしょう。小学校の場合は、このような他教科と関連を持たせた連携的な学習は取り入れやすいのです。

2 伝記を活用した探究的な学習

　例えば、伝記を読む機会を子どもたちに提供してはどうでしょうか。教科書には伝記教材も収載されています。本章「2．挑戦する小学校　2節　子どもたちの「主体的・対話的で深い学び」のすがた〜東京都世田谷区立武蔵丘小学校の実践〜」は、司馬遼太郎の書き下ろし作品『洪庵のたいまつ』（三省堂、単元名「人物の生き方について考えよう」）を取り上げた際、並行して個々に伝記を読む実践です。教科書教材だけでは読書に結びつきにくいので、伝記を読むことで多読につなげるようにしています。

　単元の内容に関連した本を並行して読む読書活動のほか、特定の人物に焦点を当てたり、同時代の他の歴史上の人物について調べたり、あるいは人物が生きた時代背景について調べたりするなど、探究的な学習への発展が考えられます。単元の導入時に多くの時間をかけない探究的な学習を実施することにより、子どもの興味や関心を引き出し、学習の広がりが生まれます。情報活用能力の育成につながります。

　では、長崎県島原市立第五小学校の実践を参考に、伝記を活用した探究的な学習を提案します。島原五小は新聞活用にも力を入れています。
　➡「第3章　3．メディアが育てる未来　（2）新聞を身近に」でも報告しています。

伝記を活用した探究的な学習

<u>本を読み、情報を取捨選択して「見える化」しよう</u>

・伝記を1冊選びます。小学生向けの平易な伝記、ヤング・アダルト向け（中高生向け：YA）の伝記、一般向けの伝記などから選ぶようにします。

・選んだ伝記から必要な箇所のみ選んで読み、次の項目について調べ、１枚の画用紙に仕上げます。

〈調べる項目〉

①本のあらまし

②人物の似顔絵

③人物の年表

④人物に対する所感

〈「見える化」の仕方〉

・B4判の画用紙１枚に区切ってまとめます（ここでは「ポスター」と呼びます）。

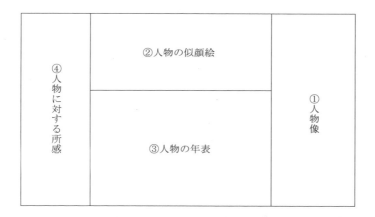

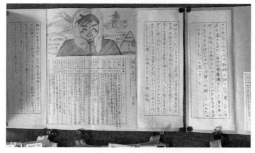

（冒険家・植村直己の伝記を「見える化」）

49

- ・「見える化」をした後、教室の机上や壁に掲示し、子どもたちは「ポスター」を巡回し、それぞれのポスターの前で聞き手（オーディエンス）として発表を聴きます。作成者はプレゼンテーターとして説明を行います。
- ・オーディエンスとプレゼンターは、適宜交代して、それぞれ両方の役割を経験するようにします。

　この事例では画用紙を用いて人に見せ、情報を共有するための「見える化」を行っています。

　しかし、この方法をうまく活用すれば、画用紙ではなく、1枚のカード（情報カード）に本を読んで情報を項目ごとに分けて書き込んでいく情報活用の方法として応用することができます。

　インターネット全盛ですが、デジテルではなく、紙を用いたアナログによる情報活用は、パソコンの小さな画面とは違って情報を簡単に見通すことができます。とても便利なものです。

　デジタル・ネイティブといわれる今の子どもたちには、学習の目的に応じて、アナログとデジタルの両方を使い分ける資質・能力を身につけさせたいものです。

3 授業と連携した学校図書館の取組み

　伝記を読む経験は、物語を中心とした読書から、ノンフィクション分野へと読む本を広げてゆくための入り口にもなります。並行して読む読書を伝記だけで終わらせないためにも、学校図書館担当者が次を読みたい子どものための読書案内を行うことも大切です。

　中学校や高校では、授業と関連させ、物語や小説だけではなく、日頃あまり出会うことがない科学分野の読み物や、優れたノンフィクション、さまざまな新書を幅広く紹介することも読書指導の一つとして有効な手

立てになります。

授業内容と関連させた別置も試みたいものです。

子どもの感想などの学習の成果物を学校図書館に掲示することも効果的です。なぜなら、学校図書館に掲示すると、他のクラスや学年への啓発に役立てることもできるからです。これは、学習の成果物を学習材として他のクラスや学年で有効活用するという発想に立っています。

学習の成果物は、一般的に学級内や学級外の廊下にある掲示板に張り出されることが多いでしょう。一定期間は学級内外に掲示するとしても、学習の成果物を学校図書館に掲示することにより、学習成果が他学年の子どもや学年以外の教師もみることができるようになるのです。同時に授業での学習成果を、学校全体へ徐々に波及させてゆく効果も期待できます。掲示が終わっても学校図書館担当者がその一部だけでも保管しておけば、他の学年の学習材として次年度に活用することができます。

このような授業実践の共有は、組織的な視点に立った学校図書館の環境づくりの一つでもあるのです。学校図書館として積極的にカリキュラム・マネジメントを支える活動といってもよいでしょう。ぜひ取り入れてみてください。

➡カリキュラム・マネジメントについては、コラムで説明しています。

時間割に各クラスの学校図書館の授業時間を組み込む
長崎県島原市立第五小学校

無料で手に入る郷土資料を整理・分類して情報ファイル化
長崎県島原市立第五小学校

織田信長を「見える化」 社会科の学習でも可能な伝記の活用
長崎県島原市立第五小学校

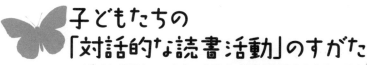

子どもたちの「対話的な読書活動」のすがた 4
~岐阜県加茂郡白川町立白川小学校と新潟県新潟市立中之口西小学校の実践~

1 読書のまちの対話的な読書活動~白川町立白川小学校の実践~

　岐阜県加茂郡白川町立白川小学校（井戸さえ子校長）は、2012年度に子どもの読書活動優秀実践校として表彰されました。前校長・宮内千鶴子氏の就任中でした。2016年度に着任した井戸校長がその実践を引き継ぎ、発展的に取り組んでいます。

　学校がある白川町は、2014年3月に「読書のまち宣言」をしました。多くの自治体で「読書のまち宣言」をしています。「読書のまち宣言」には、学校、家庭、地域住民、公共機関が一体となって、読書を通して、生涯にわたって文字・活字文化のみならず、さまざまな文化を愛し、郷土の文化や歴史、自然などへの思いを育むという共通点がみられます。

　白川町立図書館が中心になって「読書サミット」を開催しています。地域住民も学校の読書活動に関わる取り組みを進めています。学校区の小学校と中学校が連携し、読書活動に取り組むため、テレビ会議システムを活用しています。

　白川小学校ではビブリオバトルを導入し、小規模校の特色を生かして、対話的な読書活動を進めています。学校図書館活用に力を入れていますが、学校図書館はもとより、廊下や教室などの共有空間には、本の情報や感想交流を図るためのさまざまな工夫がみられます。学校全体の環境が子どもたちと本の出会いが生まれるように工夫されています。

　筆者が授業を参観したのは、1年間のまとめに当たる3学期末でした。小規模校の良さを生かして、3、4年生合同によるビブリオバトルの決戦大会が行われており、4人の子どもたちが本を紹介しました。フロアーの子どもからは質問もよく出されており、小学校の中学年でもビブリ

オバトルができることに驚かされました。

白川町の「読書のまち」宣言　2014(平成26)年3月　白川町議会

> **読書のまち宣言**
>
> 私たちは、緑豊かな美濃白川に生まれ、この地の自然や人々、そして、歴史を愛し、先人から受け継いできた伝統や文化を大切にして、今を生きています。
>
> しかし、人と人との絆、心の豊かさが薄れゆき、未来を生き抜くために解決しなければならない問題が山積している、それが今の時代です。そんな時代にあっても、私たちに知恵を授け、豊かな心を育み、発想力を培い、想像力を磨き、希望を与えてくれるのが読書です。
>
> 五十年後、百年後、未来永劫、笑顔の絶えない住み良いまち、美濃白川の実現は町民誰もの願いです。私たちはこの願いを読書に託します。
>
> 私たち白川町民は、読書を通して
> 一　家族や親子の心の絆を深めます。
> 一　自らの感性を磨き、賢い自分づくりに努めます。
> 一　先人の教えから学び、自らの生き方を見つめます。
> 一　郷土の歴史や自然を学び、ふるさとへの誇りと愛情を育みます。
> 一　希望を語り、将来の夢を育みます。
>
> ここに白川町は「読書のまち」を宣言します。
>
> 平成二十六年三月　白川町教育委員会

担任の先生の指導では、発表や質問をよく聞くことを通して「聞き合い」の態度を養おうとする様子がうかがわれました。コミュニケーションといえば、つい上手に話すことばかりに関心が行きがちですが、対話的なコミュニケーションでは、まず他者の声に静かに耳を傾けるということが大切にされる必要があります（このことは前節「第2章：挑戦する小学

廊下に掲示された教員お勧めの本の紹介

ビブリオバトル決戦大会の様子

校 2節 子どもたちの「主体的・対話的で深い学び」のすがた〜東京都世田谷区立武蔵丘小学校」で詳しく報告しています）。

本当に人の話をよく聞ける子どもたちでした。

白川小学校では、2016年度は授業のユニバーサル・デザインを研究テーマとし、国語科の授業研究を中心に実践を積み重ねました。この校内研究は2017年度も継続しています。ユニバーサルな授業とは、障害の有無に関わらず、学習者一人ひとりの状況やニーズを把握するという観点に立ち、誰もがわかりやすく、安心して学ぶことができる教育環境を整備し、学習者が学ぶ喜びや楽しさを実感できるように工夫をすることです。

日本の子どもたちは自己肯定感が低いと言われています。授業のユニバーサル・デザインは、子どもたちに自己肯定感や有能感をもたらすことができるはずです。学習の理解が遅れがちな子どもに対応した授業にもなります。

例えば、授業での指示の仕方を統一したり、校内の掲示の仕方を教室も含めて統一したりするなど、ユニバーサル・デザインの考え方は、学校の言語環境の整備にも生かされます。共に助け合い、支え合う社会をめざすとき、とても大切な取り組みになります。

2 音楽科で探究的な学習を実現〜新潟市立中之口西小学校の実践〜

国語科、社会科、総合的な学習の時間では学校図書館を活用した探究的な学習は導入しやすいのですが、他教科ではどうでしょうか。工夫次第で、さまざまな教科で探究的な学習を取り入れることができます。

新潟県新潟市立中之口西小学校（田中恒夫校長）は、新潟市郊外の農村地帯の集落にある小規模校（2016年度の児童数は127名）です。祖父母と同居する子どもが多いこともあり、家庭の教育力は大きいとみられ、地域の結びつきも強いようです。

絵本のイメージを打楽器で表現

　同校は学校図書館を活用した学習に力を入れています。小林真理教諭は、4年の音楽科の「いろいろな音の響きを感じ取ろう」という単元で「打楽器で絵本の音をつくろう」という授業を行いました。グループで絵本を選び、オノマトペに着目し、そのイメージを打楽器で表現するという学習です。
　さらに、打楽器の絵本作りも行いました。言葉と音楽は近いはずです。絵本という媒体を通して言葉と音を結びつけた学習は、子どもたちの創造性を育む学習になっています。
　訪問したのは年度末であったため、ちょうど保護者が学校司書とともに蔵書点検をしていました。田中校長の学校経営の方針には、「地域全体を学びの場としたり、地域の人が子どもの成長に関われる学校」とともに、「地域と協働して創り上げる場面が多い学校」とあります。学校図書館もその一つとして位置づけられています。
　「社会に開かれた教育課程」という視点に立つ場合、学校図書館の運営に関わる保護者などの活動も、ボランティアというよりも教育課程に関わる主体的な存在として捉え直すことができます。蔵書点検を通して、保護者は学校図書館の特徴が理解でき、一方、学校図書館担当者は学校図書館の運営に保護者の意見を取り入れることができるようになります。
　第三者の意見を精査しつつ、学校図書館の運営に生かすことは、スペシャリストとしての学校図書館担当者の業務を奪うものではありません。むしろ、学校図書館を外に開き、他者と協働してよりよい学校図書館を目指すような、コーディネーターとしての役割が必要とされているのです。新潟市立中之口西小学校の実践は、今後の学校図書館を考える上での一つの方向性を示唆しています。

5 教科等の学びを広げる学校図書館デザイン
〜山形県東根市立長瀞小学校の実践〜

1 東根市と歴史と伝統のある長瀞小学校

　読み聞かせに取り組む学校は多く、地域のボランティアや保護者の有志などが行なっている学校も多くみられます。読み聞かせの取り組みを教科等の指導の中に位置づけるためには工夫が必要です。

　読み聞かせ活動を授業に生かすとともに、学校の言語環境の整備の一環として学校図書館の活用を工夫した山形県東根市立長瀞小学校の実践事例を紹介します。教科等と学校図書館と地域をつないだ実践です。「社会に開かれた教育課程の実現」の好事例でもあります。

　東根市は山形県の中央東部に位置し、人口約47,000人を擁しています。山形新幹線が山形駅の次に停車するさくらんぼ東根駅が市の玄関口です。山形空港の所在地でもあります。サクランボ、リンゴなどの山形県有数の果樹産地となっています。また、市内には工業団地もあり、ハイテク産業などが集積しています。

　長瀞小学校のある東根駅の近くには温泉街があり、観光にも力を入れています。毎年6月には「さくらんぼマラソン大会」(ハーフマラソン) が町をあげて盛大に開催され、全国から多くのランナーが集います。筆者は訪問時に当時の校長・井上博人先生に勧められ、2017年にこの大会に参加しました。沿道には多くの市民のほか、小学生たちが都道府県ごとのプラカードを持って応援してくれました。

　長瀞小学校は2015 (平成27) 年度に子どもの読書活動優秀実践校に表彰された学校です。1873 (明治6) 年に創設され、2017年度には創立144周年を迎えました。1830 (昭和5) 年には、作文 (綴り方) 教育で著名な國分一太郎氏が山形師範学校卒業後、郷里にある長瀞小学校に着任した

小学校としても知られています。訪問時の児童数は92名でした。少子化が進んでいます。

2 第０次という発想からひらかれる豊かな学び

　長瀞小学校では、2013（平成25）年度から３年間にわたって「学び合い、考えを深め、表現する子供の育成を目指して」という研究主題の下、研究に取り組みました。３年次に当たる2015（平成27）年度は、「国語科における言語活動の充実」を取り上げ、「付けたい力を明確にして言語活動を充実させ、単元構成を工夫することが、探究的な学びをより主体的、協働的に行えるようにすること」につながると捉え、学びの系統性と継続性を重視しました。実践時には、文部科学省からは「主体的・対話的で深い学び」という考え方は、まだ示されていませんでした。長瀞小学校では先行してこのような授業づくりに取り組んでいたのです。

　長瀞小学校では、次のような「確かな力のつく国語科としての指導法の工夫」に取り組みました。

確かな力のつく国語科としての指導法の工夫

①単元を通した言語活動の充実
②学びの系統性と継続性
③授業の焦点化（シンプルに）・視覚化（ビジュアルに）・共有化（シェア）
④０次の活用を学習過程に位置づける

　特に、単元では、「０次と活用を学習過程に位置づける」ことを意識し、次のような流れの授業づくりに取り組んだのです。

　なお、「０次では、単元に入る前に、単元に関連する言葉や内容に触れさせておくことにより、興味・関心を高め、学びへの想いを立ち上げ

第2章　挑戦する小学校

58

ておく」ことと位置づけています。

０次の活用を学習過程に位置づける単元構成

０次：種まき

　　　↓

１次：導入・学びを方向付ける

　　　↓

２次：展開・指導事項を学ぶ

　　　↓

３次：まとめ　習得した指導事項を活用して自力で表現・言語活動・自力学び

　　　↓

活用：実生活に活かす（他教科・日常生活）

　この単元では、最終的には他教科や日常生活で活かすことが目指されていることから、汎用的な能力の育成が意識されていることが分かります。

０次の活用を学習過程に位置づける授業実践例１

○２年『スイミー』（レオ＝レオニ）物語の面白さを感じ取って、感想を書く、「マイ感想ブック」を作る活動

①０次での意欲付け

　レオ＝レオニの作品を２冊読み聞かせし、簡単な感想交流を行った。内容はもとより、レオ＝レオニ独特の画風や文体に興味を持ち、並行読書への意欲が高まった。

②１、２次：『スイミー』を読んで書く

『スイミー』を読みながら、物語の構成要素（時、場所、登場人物、中心人物、事件）をとらえさせた。
③3次：他のレオ＝レオニ作品を読んで書く
　一人一人がレオ＝レオニ作品を2冊選んで視点に沿って読み、短い感想を書いて「マイ感想ブック」を完成させる。

読み聞かせを積極的に単元の言語活動につなげた実践もあります。

0次の活用を学習過程に位置づける授業実践例2
特別支援学級（ひまわり学級）の実践例

○4・6年　単元名　本は友達　フレンドブックを紹介しよう『シニガミさん』
①0次の活用
『いのちのまつり』シリーズの読み聞かせをして、読書案内をし、いのちについて関心をもたせた。宮西さんの本のコーナーを作る。

②単元を通した言語活動：「フレンドブックカード」（紹介カード）
▶あらすじは水色の用紙に、心に残ったことはピンク色の用紙に書く
▶2次では、『シニガミさん』（作・絵　宮西達也　えほんの杜社刊）を読む。
▶3次では、自分で選んだ本で「フレンドブックカード」（紹介カード

を書く。

　０次では、「いのちのつながりや大切さなどにふれ、他の本も最初の部分を読み聞かせして、いのちの本への関心を高める」という成果がみられました。また、３次の「自分の紹介する本を選ぶときの大きなヒントにもなった」といいます。

　2017年改訂学習指導要領では、「主体的・対話的で深い学び」が示されました。このような学習では、１時間だけで学習に区切りをつけられないこともあり、単元の構成が重要な要素になります。授業の終わりにまとめの学習を設定しなければならないということはなく、むしろまとめでは、学習の手立てや次の学習に向けての見通しを持たせるような自己評価的な活動が必要な場合も出てきます。形式的に終わらせず、あくまでも子どもの学びの状況に合わせた対応が必要となるのです。このことは本章の世田谷区立武蔵丘小学校の授業実践でも明らかになりました。

3 教科等の学びと連携した読書活動～読み聞かせボランティアのかかわり～

　2016年２月23日（火）の１校時目、学校の読み聞かせサークルである「ききみみずきん」による１年間の読み聞かせ活動に対して、子どもたちの感謝の会が行われました。

　地域に伝わる昔話を紙芝居にし、２グループに分かれて異学年からなる子どもたちによって紙芝居が披露されました。拍子木の高い音が鳴り響いた後、子どもたちは分担して紙芝居を行いました。続いて感謝の言葉が述べられました。子どもたちはみな緊張しながらも練習の成果を披露しました。心温まるひとときでした。

　読み聞かせサークル「ききみみずきん」は、月２回、水曜日の朝読書の時間に読み聞かせを行っています。2015（平成27）年度は12名で活動しました。次のような工夫により、読み聞かせを生かすようにしました。

読み聞かせサークルである「ききみみずきん」を生かした教育活動

（1）学年オープンで3か所に分かれての読み聞かせ

　読まれる本のタイトルを事前に「図書だより」で児童にお知らせし、当日、自分が聞きたい本が読まれる教室に移動する。

　平成27年度は、3つの教室にそれぞれテーマを決めて選書を行っている。動物、食べ物、電気、怖い話などである。

（2）各学年の教室で、学年に合った本の読み聞かせ

　授業に関連した本を選んでもらったり、リクエストに応えて好きな話を選んでもらったりできた。

（3）「ききみみずきんで読んだ本」コーナーの設置

　読み聞かせをした本の中で学校図書館に特集コーナーを設置して紹介する。

　（1）、（2）のように多様な場面での読み聞かせを工夫しています。（3）のように学校図書館内に読み聞かせを生かした別置を行っており、学年を問わず人気コーナーになっています。

　井上博人校長（訪問時）に案内され、感謝の会の後、「ききみみずきん」のみなさんと学校図書館で懇談しました。みなさん読み聞かせにやりがいを感じている様子でした。

　メンバーは忙しい生活をやりくりして話し合いの場を持ち、読み聞かせの本を選んでいます。授業や学校図書館と関連づけた読み聞かせの取り組みも十分理解していました。子どもたちへの深い愛情に支えられた取り組みといえます。

4 言語環境を整え、学校図書館をデザインする

　長瀞小学校では、言語環境の整備として、次のような取り組みを行っ

ています。

言語環境の整備の取り組み

○全校での表現活動

　詩の暗唱、四季折々の言葉コーナーの設置、俳句づくり、全校合唱、
年賀状・暑中見舞い葉書全校掲示

○学校図書館運営

　図書室まつり、地域の方による読み聞かせ、家庭読書

○集会や委員会活動

　集会においての感想交流・活動報告

○朝会や集会の講話後、要約や感想を書く

○昼の放送での作文や俳句等の紹介

　漫画『ONE PIECE』を寄贈されたのを機に、学校図書館内のみ閲覧可能な本として漫画の種類を増やし、男子の読書意欲の向上に努めています。また、絨毯を敷き、昼休みなどにはリラックスしながら子どもが読書ができるようにしています。子どもたちに学校図書館に行ってみようという気持ちにさせる工夫が随所にみられます。

　この他、ユニークな図書館イベントとしては、「夜の図書館」があげられます。年に2回、夜間に学校図書館を開館し、保護者や地域の人たちも参加して、「ビブリオバトル」が開催されます。小学校でのビブリオバトルはまだあまりみられない実践です。

　長瀞小学校では、読み聞かせサークルとの連携のほか、次のような読書指導の工夫を行っています。

長瀞小学校の読書指導の工夫

（1）家庭読書

○家族の一人と一緒に同じ本を読み、お互いの感想を書いてもらう。

○低学年は家の人と一緒に本を読むことでふれあいの時間をもったり、さらに本を読んでみようという意欲付けになったりしている。

○中高学年では、同じ本を読んで感想を交流し合うことで、お互いの考えに触れることができる。

（2）ブックワールド委員会の活動

①図書室まつり

▶たくさんの本に親しんでもらえるように、ブックワールド委員会では、年2回、春と秋に「図書室まつり」を実施している。

▶春の図書室まつりでは、いろいろな本を読んでもらいたいという願いから、読書スタンプラリーを行った。読んだ本の分類やタイトルに応じてスタンプがもらえるようにした。

▶学校図書館の使い方や本の登場人物に関する「図書室クイズ」を学校図書館前の廊下に掲示し、自由に参加してもらった。

②1・2・3年生への読み聞かせ

▶ブックワールド委員会の活動として、朝活動の時間に1・2・3年生の教室に出向いて絵本や紙芝居の読み聞かせを行っている。

（3）作者との交流からの発展

・山形県の紙芝居団体「八幡読み聞かせ隊」を招き、紙芝居公演を実施した際に、「自分たちでも作ってみたい。」という声が上がり、上学年、下学年に分かれた縦割り班ごとに、紙芝居を制作することになった。

・「八幡読み聞かせ隊」には再度来校してもらい、紙芝居講座を実施した。

　家庭読書での家族の感想からは、子どもへの温かいメッセージが伝わってきたといいます。感想は秋の学習発表会、図書室まつりにあわせて学校図書館前に掲示しています。

図書室まつりの読書スタンプラリーでは、全ての種類のスタンプを集めるために、今まで読んだことのない本にも挑戦することができました。

　作者との交流から発展した紙芝居づくりは、総合的な学習の時間でも地域に伝わる話を紙芝居にする学習が行われました。1、2年生では主に生活科や国語科で、3〜6年生は主に総合的な学習の時間で紙芝居づくりに取り組みました。郷土を学習材として活かすためには、地域の人に話を聞いたり、資料を調べたりしなければなりません。

　その際、学校図書館の図書資料を活用しました。学年に応じて、歴史ある郷土を学習材として教育活動に生かしたといえます。

　校内の廊下には子どもたちが作った紙芝居を展示しました。読書イベントから、発展的に教科等の学びへと広がった実践です。

　また、午前8時20分から15分間、朝の全校読書を実施しています。多様な本を読んでもらう試みとしてスタンプカードを導入しています。多読を奨励し、より多くの本を読む意欲づけとして、学期ごとに目標冊数を設定しています。目標冊数を読破した子どもには「目標達成賞」、目標冊数の2倍以上を読破した子どもには「多読賞」で表彰しています。

　学校図書館の運営では、次のような工夫をしています。

学校図書館運営の工夫

①個人の貸し出し
・朝・中間休み・昼休みに1日2回まで借りることができる。平日は2冊、休日前は3冊、長期休業前は4冊としている。
・朝読書の時間は、高学年に学校図書館を開放し、優先して貸し出しをしている。

②本の予約
・コンピュータによる図書館管理システムを活用し、本の予約を受け付けている。

- 本の取り置きを行っており、読みたい本が確実に読めるため、利用する子どもは多い。

③学級文庫の設置
- その学年で是非読ませたいという本を国語の教科書掲載本を中心に選び、各教室にいつでも読めるように設置している。読破した分を集計し、個人の貸し出し冊数に加えている。

④貸し出し集計の掲示
- 各学年の貸し出し冊数と読書傾向を知ってもらうため、「読書の木」を図書室前に掲示し、木の葉の色を変えることによって、どんな本がよく読まれているかを色で把握できるようにした。

このように取り組みは取り立てて目立つようなものではありませんが、長瀞小学校では教科等の学びや読み聞かせの感謝の会などの学校行事とも関連づけることによって、日常的な学校図書運営の効果が際立つようになっているといえます。

5 アイデア次第で教科等の学びと学校図書館がつながる

国語科を中心にした取り組みでは、学校図書館の活用につなげやすいはずですが、国語科の授業だけに焦点化すると、教育活動全体への広がりをもたせにくくなります。授業での工夫を教育活動全体への広げてゆ

くという視点の中に学校図書館としての役割があります。

　長瀞小学校の場合は、言語環境づくりという視点で国語科の実践を学校全体へと広げ、学校図書館はその役割の多くを担っています。言語環境を豊かにするというグランド・デザインの中に学校図書館が位置づけられています。

　長瀞小学校の取り組みからは、アイデア次第で教科と関連性を持たせながら、子どもの読書意欲を高め、学びの可能性を広げることができるということが分かります。郷土に根ざし、地域の人びとと深く関係しています。

　小規模校ならではのフットワークの良さも生かしながら、校長のリーダーシップの下、全教職員が一丸となって取り組みました。

　長瀞小学校では地域社会の信頼に支えられ、子どもたちはのびのびと学校生活を送っています。ささやかで小さな学びの工夫が大きな実りを生みます。明るい希望の見える実践でした。

【まとめ】

1. 学校のグランド・デザインの中に教科等の学びと読書活動や学校図書館の活用を位置づけることが学習者の学びを広げることにつながります。

2. 主体的・協働的な学習（2017年改訂の学習指導要領では「主体的・対話的で深い学び」）を取り入れた単元では、単元構成を工夫し、読み聞かせを学習の導入として位置づけ（０次の工夫）ることにより、学習者の学習への動機づけを図り、その後の授業展開に生かすことができます。

3. 学校図書館を活用した調べ学習に郷土に伝わる昔話を学習材として組み込むことにより、地域そのものが学習の資源（リソース）となり、学習に広がりや深まりをもたせることができます。

67

4．図書館イベントは図書館活用として捉える発想に立ってデザインすることにより、子どもの読書意欲につながるとともに、読書生活の充実に生かすことができます。

＊本節の執筆に当たっては、東根市立長瀞小学校での調査とともに、同校の「平成25・26・27年度東根市教育委員会委嘱公開研究会研究紀要」から引用及び参照しました。ご協力いただいた訪問時の校長・井上博人氏と教職員のみなさま、「ききみみずきん」のみなさまにこの場を借りて感謝を申し上げます。

第3章
学校図書館と新聞活用
〜メディアが育てる未来〜

　NIE実践指定校の制度により、新聞活用への関心が高まりました。
　新聞はさまざまなテクストが集まった情報テクストです。このような特性を持つ新聞を活用することにより、情報活用能力、批判的思考力など、汎用的な能力(幅広く応用が効く力)を養うことができます。
　新聞活用には主に3つ方法があります。
　学校図書館で新聞活用を工夫するには、新聞が多様な学校図書館メディアの一つであることを踏まえる必要があります。学校図書館を活用した新聞の学習として、4つの方法を提案します。
　新聞活用によりで育てる資質とは、子どもが考えることを尊重し、お互いの多様性を認め合う態度を養うことに他なりません。

☆ **本章のキーワード** ☆

- ➡ NIE
- ➡ 学校図書館メディア
- ➡ 情報テクスト
- ➡ リテラシー

新聞活用で育てる資質・能力

1 NIEとはなんだろう

　NIE（教育に新聞を:Newspaper in Education）は、新聞社と学校の連携による教育実践です。1982（昭和57）年6月に日本新聞協会販売委員会は、米国に新聞販売事情視察団を派遣し、NIEを知ることとなりました。これを踏まえ、1985年10月に静岡で開催された第38回新聞大会の場で、当時の新聞協会会長・小林與三次氏があいさつの中でNIEを提唱したことに端を発するといわれています。

　1998（平成10）年には日本新聞教育文化財団（新聞財団）が発足し、さまざまなNIE事業が展開されるようになりまた。2011（平成23）年に日本新聞教育文化財団は新聞協会と合併し、NIE事業は新聞協会が引き継ぐことになりました。

　学校に新聞を提供する「NIE実践指定校」制度というものがあります。47都道府県全ての地域で実施されています。NIE実践指定校になると、研究テーマに基づいた実践期間、新聞が無料で届きます。全国47都道府県に教育界、新聞界の代表で構成されるNIE推進協議会が設立され、地域のNIE活動を支えています。

　NIE実践指定校への関心が高まっています。地域のNIE推進協議会に連絡を取られてはどうでしょうか。

2 新聞活用の意義を考える

　学校図書館担当者のNIE（Newspaper in Education）への関心が高くなりつつあります。物心ついたときから携帯電話やインターネットが身近に

あるデジタル・ネイティブといわれる子どもたちにとって、新聞は近いメディアとはいえません。中学生と高校生の場合、LINEに代表されるように、気の合う者同士でつながった狭い「親密圏」の中だけで、興味や関心は閉じられがちです。

また、新聞を定期購読していない家庭も多くなっています。テレビを見ない大学生も増えています。学業とアルバイトに追われ、それどころではないからです。新聞を読まない教師も増えています。

このようなメディアへの接し方の変化の中で、新聞の相対的な価値は落ちつつあります。現代の教育では実用性が重視されがちです。新聞というメディアを通して育てられるのは、実用性とは異なります。もちろん新聞を読めるというのは、実用的なことです。では、「読める」とはどういうことなのでしょうか。

新聞を活用することにより、じっくりと考える力、熟考する資質・能力を育てることができます。これは市民性教育（シチズンシップ教育）にもつながるものです。

新聞活用の意義としては、次の4点を指摘しておきたいと考えています。

新聞活用の意義

①社会的事象に興味や関心を持とうとする態度

②社会的事象を自己の問題として捉えようとする態度

③自ら主体的に社会に関わろうとする態度

④自ら主体的に社会に関わるためのコミュニケーション能力

この4点は、何のために学校教育で新聞を活用するかという問いに対する筆者なりのひとつの答えです。

3 学校図書館で新聞を活用することの意味を考える

　学校教育で新聞を活用する場合、動機づけなどのために教室で単元の導入時や、あるいは子どもの知識を深めるための補助資料として印刷して配付することは多く行われてきました。このような「教材」としての新聞活用ではなく、子どもが自らの疑問の解決、課題の発見や解決などに活用する「学習材」としての新聞活用こそ、学校図書館における新聞活用です。

　学校によって異なりますが、学校図書館メディアには次のものがあります。

学校図書館メディア

- ・印刷系メディア　…………　図書、新聞、雑誌などの逐次刊行物
- ・パッケージ系メディア　……　CD、DVD、ビデオ、CD-ROM、DVD-ROM など
- ・ネットワーク系メディア　…　インターネット

　新聞は現在進行している社会事象を中心に扱うメディアです。ある考えの下で編集という作業を経たメディアです。新聞は社会事象を切り取った一面的なメディアであるという認識が必要です。

4 これまでの NIE 実践

　NIE の授業実践を整理すると次のようになります。

NIE の 3 つの方法

- ▶新聞に親しむ
　新聞を自由に読んだり、学級活動や教科等で教師が記事を紹介したりする学習

第3章　学校図書館と新聞活用

▶新聞を知る

　新聞というメディアがもつ特性や編集の仕方、新聞記者という仕事など、新聞というメディアそのものについて扱う学習

▶新聞で学ぶ

　新聞を教材・学習材として用いて、ある指導目標の達成のために活用する学習

▶新聞づくり

　新聞づくりを通して、教科等の内容について学ぶ

　学校図書館との関連で新聞を活用した実践はあまり多くはみられないのが実情です。

　学校図書館で新聞を扱うことの意義は、新聞以外の他の学校図書館メディアの情報と新聞の情報を比較しながら、子どもの気づきを促し、自己の考えを深めたり構築したりすることにあります。新聞の情報活用はひとつの手段であり、情報を活用すること自体が目的ではないのです。

5 情報テクストとしての新聞の特性と新聞活用の目標とは

　新聞は文字、写真、図表などの多様な表現形態を有する情報テクストです。PISA 型の読解力では、連続的テクスト（文章）と非連続的テクスト（文章以外の図表、写真、文書など）を複合したメディアという見方もできます。この複合的なメディアという点においては、ウェブサイトとの共通点は多々あります。

　新聞を読む場合には、文字情報を主体としながらも、文字情報と併せて写真や図表を読み取るリテラシーが必要です。リテラシーとは、もともとは文字を読む能力のことをいいましたが、現在では、読み解いたり表現したりするなど、多様な活用力を含める意味で使われるようになりました。数学リテラシー、サイエンス・リテラシー、フォトリテラシー

など、実に様々なリテラシーの用語がみられます。

　情報リテラシーは、情報の読解力、分析力をいい、新聞やインターネットでこそ養えるものです。インターネットは検索エンジンを用いて、検索結果の中から上位のウェブサイトを選択して閲覧することがほとんどです。また、ウェブサイトでは見たい情報しかみることはできません。従って、入手できる情報は断片的であり、得られた情報を統合し、情報の全体像を俯瞰し、組み立てる能力が必要です。

　一方、新聞は新聞紙を広げれば、その日の情報の全体がみられという俯瞰的な特性があります。見出しを読むだけでおおよその情報を捉えることができるため、興味・関心のない情報も目に入ることが多いのです。インターネットの場合は、気に入った情報しかみませんので、情報の全体像がみえません。

　このように新聞が情報テクストであるという観点での指導目標は、①情報を正確に読み取る能力、②情報を実生活に生かそうとする態度の2点が挙げられます。校種に分け、発達段階に即した新聞活用の指導目標は次のようなものになると考えています。

発達段階に即した新聞活用の指導目標

▶小学校の低・中学年 ……… 新聞に親しむこと

▶小学校高学年・中学生 …… 新聞が読めるようになること

▶高校生 ………………… 新聞を批判的に読めるようになること

6 学校図書館で新聞を活用してみよう〜4つの方法〜

　新聞はテレビやラジオと同様に、バイアス（偏り、傾向のこと）がかかっているため、公平・中立ということはあり得ないことです。このことは政治的な問題を扱った社説を比較すれば一目瞭然でしょう。バイアスのかかり具合によっては公教育の場には適さない内容もあり得ます。

新聞を学習に用いるに当たっては、子どもの発達段階や実態に十分に配慮する必要があります。

　学校図書館の学習・情報センターの機能を活用しながら、学習材としての観点に立った新聞活用については、次のようないくつかの学習が考えられます。

①新聞に掲載された問題を知るための基本的なことについて学習する

　取り扱われた社会事象や話題について、新聞は背景知識を必要とすることが多く、中でも夕刊では朝刊との連続性の中で記事が書かれています。このことが読者には新聞を難しく感じさせている要因です。

　最近では記事に用語解説が載ることもありますが、紙面は限られており、子どもたちには補足説明が必要なため、これまでは教師が説明していました。

　その発想を転換し、新聞記事と関連させて、子どもたちが百科事典、図鑑、年鑑、白書などのレファレンスブックや、解説書を読んだり調べたりする探究的な学習を取り入れるようにします。

　インターネットでの検索だけではなく、図書を用いた調べ方を指導します。このような学習であれば、１時間程度でも実施できるため、さまざまな単元の中に導入することができます。

②子どもが情報ファイルを作り、学習材として活用する

　これまで情報ファイルは学校図書館担当者がつくることがほとんどでした。これも発想を転換し、子どもたちが情報ファイルを作るようにします。

ⓐテーマを設定し、子どもが自ら探し出した関連記事を切り抜き、A4判用紙１枚の情報シートに一つだけ貼りつけます。記事の要約を箇条書きにしたり、記事を読んで考えたことを書き添えたりします。

ⓑ情報シートは教室内や学校図書館内に掲示した後、学校図書館担当者が記事の内容によって件名をつけて分類し、情報ファイルとして整理します。

ⓒ子どもたちが作成した情報ファイルは、学習終了後も学校図書館に保管し、閲覧できるようにします。記事の情報は古びてしまうかもしれませんが、子どもによる手作りの新聞記事のデータベースになります。

ⓓ他の学習に活用したり、同じ単元で翌年度に活用したりすることもできます。子どもが作った情報ファイルがそのまま他の子どもの学習材になります。

③新聞の情報とインターネットの情報を比較する

デジタル・ネイティブにとって、インターネットの特性については、生活指導の場面などでネット社会の負の側面を学習する機会はあっても、積極的なインターネット活用という点での学習機会はいまだ十分とはいえません。

時事的な問題では最新情報を掲載した図書がない場合が多いので、子どもはすぐにインターネットに飛びつきがちです。

学校図書館は複数の情報に触れながらメディアの特性について学習できる場でもあります。その機能をおおいに生かし、新聞の情報とウェブサイトの情報を比較することにより、それぞれの情報の活用方法について学習します。

発達段階によってはウェブサイトを自由に検索させるのではなく、公益性が高く、信頼性も高いウェブサイトを閲覧させるようにします。

新聞の情報と比較することを通して情報の特性について学習します。

単一のメディアの情報で判断せず、できるだけ複数のメディアに当たるようにするという態度を養うことが大切です。

④他の学校図書館メディアも活用し、意見を作るために読む

探究的な学習では、適切な資料を探して情報を要約したり複合的にまとめたりすることが多くあります。しかし、調べてまとめて発信して終わってしまう場合が少なくありません。

情報を基にして自らの意見を組み立てる学習こそ大切です。情報は出尽くしており、なかなか自分の意見を組み立てるのは難しく、他者の意

見をなぞるだけで終わってしまうことも往々にしてあります。しかし、それでも分かったことを基にして、子どもが自分の考えを他の子どもたちに向けて発信することは、主体性を養うだけではなく、他者とあるテーマや問題をめぐってコミュニケーションをとるという意味においても、大切な学習です。

7 学校図書館と新聞の活用で大切にしたいこと

　現代の政治は、知性を嫌う傾向、「反知性主義」の傾向が顕著と指摘されています。また、客観的な事実に基づいた説明よりも、感情に訴えることによって世論をつくるという「ポスト真実」の政治の時代といわれています。ネット上にはフェイク（偽）ニュースが飛び交っています。かつてインターネットは市民レベルでの熟考やオープンな議論が期待されたはずでした。インターネットは物事を単純化し、是非を明確に分けます。そこに議論の余地はなく、異を唱えれば「炎上」という憂き目に遭いかねません。

　新聞を活用してできることは何でしょうか。汎用的な能力（幅広く応用が効く力）を養うことは大切ですが、学校図書館が保証するのは知性の大切さではないでしょうか。同時に、筆者は何よりも多様性を理解することだと考えています。つまり、考え方や文化・習俗などの違う人々を排除せず、お互いの多様性を認める態度を養うことです。この問題は、毎日の教室の中からも大切にされるべきことです。そして、市民性教育にもつながるものです。学校図書館における新聞活用では、子どもが考えることを尊重し、多様性への理解を養うことに自覚的でありたいものです。

2 学びを成長させる評価、次の学びに生かす評価
~東京都目黒区立第十中学校の実践~

1 探究的な学習の評価をどうするか

　教科の授業に学校図書館を活用した学びを取り入れようとする場合、生徒の学びをどのように評価するのかということは教師にとって悩ましい問題です。単元の評価規準だけで学びを見取ることはできるのでしょうか。例えば、学習活動を評価する場合、ルーブリック評価を用いることは有効な手立てであるともいわれています。

　しかし、授業をしてみると実感することですが、教師が予め想定した状況とは異なる子どもの反応や学びの状況が立ち現れることは往往にしてみられます。いい意味で想定を裏切られる子どもの学びの姿が見られる場合があります。

　子どもが心から「学びひたる」ときには、ダイナミックで知的な働きと動きが進行します。それは子どもが学ぶことを通してまさに成長をしている瞬間でもあります。

　教師は予め生徒像を想定して単元の評価規準や、その時間の評価基準を作りますが、子ども自身が自己の学びを他者との関わり合いを通していっそう成長させていくためには、どのような授業デザインが必要になるのでしょうか。

2 新聞を活用した実践事例に即して考える ~中学校国語科の批評文の指導~

　「説得力のある批評文を書くために」と題して3年生を対象にして実践された東京都目黒区立第十中学校の新井涼子教諭の国語科の実践を紹介します[1]。

国語教科書の教材「説得力のある文章を書こう」（光村図書『国語3』所収）を扱ったものです。

　関連教材である「『批評』の言葉をためる」（同教科書所収）では、「批判」と「批評」の違いについて具体例をあげて説明され、「批評すること」の意義について述べています。これを読んだうえで、「選挙権18歳引き下げ」に関連する新聞記事を読み、批評文を書くという学習です。

　新井教諭は単元観について「感情的に物事を捉えるのではなく、情報や言葉を吟味し、自分なりの価値基準をもって判断しそれを発信する力、他者との意見交流を通して自己の見方の狭さや偏りを修正していく力を養うことは、現代社会に生きる生徒たちにとって非常に大切なことである。」と述べています。

　単元と評価の計画は次のとおりです。

次	生徒の学習内容	教師の指導・支援、評価方法
1 (1時)	関連教材「『批評』の言葉をためる」を読み、「批判」と「批評」の違いを捉え、批評することの意義を考える。	・「批判」が「不平不満の言葉」「単なる好き嫌い」であるのに対し、「批評」は「自分なりの価値基準の根拠を明確にして、物事を評価すること」であることを読み取らせる。
2 (2時)	・教科書の例文を読み、批評文の構成と書き方を確認する。 ・「選挙権18歳引き下げ」について関心をもち、関連する新聞記事を読んで、ワークシート1に記入する。	・はじめに公職選挙法改正についてふれ、18歳になったら選挙に行きたいか問いかける。 ・十代への街頭インタビュー記事を読み、関心をもったところや共感するところに線を引かせる。選挙権年齢引き下げへの賛成・反対意見の多くが根拠のない「批判」であることを確認する。 ・各自好きな記事から読み進めてよいことにする。班員で色を分け、興味のもった記事に線を引かせる。
3 (3時)	・グループで互いの観点を紹介し、助言し合うことで観点を決める。 ・ワークシート2を使って集めた情報を整理し、説得力のある文章の構成を考える。	・初めに同じ記事を読んだ生徒の異なる意見、同じ事柄に関する異なる視点の記事を読んだ生徒に発表させ、多様なものの見方を共有する。
4 (4時)	構成メモをもとに、新聞記事を活用して批評文を完成させる。	・構成メモを活用させ、論理の展開を工夫させる。 ・引用の羅列にならないよう、効果的な資料の活用について個別に指導する。
事後	完成した批評文を「国語科通信」を通して共有し、それぞれのよい点を学び合う。	・効果的に資料を引用して説得力のある批評文（引用した事柄に対し、しっかりと自分の立場や考えが述べられているもの）を紹介する。

表　単元と評価の計画

本単元の３時間目では、次のような流れで学習を進めていきます。

①記事を読んで各自で記事の「分析の観点」を決める。
②各自の「分析の観点」を持ち寄り、グループで観点を紹介し合い、助言し合いながら、最終的に自分の観点を決定する。
③「分析の観点」に基づいて改めて記事を読み、情報を整理しながら、批評文の構成メモを考える。
④作成した構成メモをグループで共有する。

　「分析の観点」を決める学習を個人で、次にグループで行うことにより、分析の妥当性を高めるためにお互いに対話的に学ぶというプロセスを踏む授業デザインになっています。
　新井教諭の実践では、グループで相互評価する際に、批評文という「成果物」を用いています。

Ａ評価　自分の考えをより説得力のあるものにするために、引用した事柄に対して自分の立場や考えを述べるなど、効果的に資料を引用したり、構成を工夫したりしている。
Ｂ評価　資料を引用しながら構成メモに従って文章を書き、自分の考えを述べている。

　新井教諭は、学習の成果として、次の点をあげています。
●複数の新聞を読み比べることで、各社の論点の違いを知り、多角的なものの見方を知った。また、新聞への関心も高まった。
●話し合いを通して、各自が読んだ記事やそれについての考えを交流し、友人との着眼点の違いから、さらに考えをひろげた。
　観点を紹介し合い、助言し合うという学習は、新井教諭が指摘したように「着眼点の違い」への気づきを促すものである。自分が設定した

「分析の観点」を他者と比較することにより相対化し、他者の評価も取り入れつつ「分析の観点」の妥当性や有効性について自己評価するという学習になっています。

このような対話的な学習を通して、認知的な変容を促す学習プロセスであり、評価力を養う学習になっています。このような評価方法の工夫がこれからの授業には求められています。

新聞に限らず、学校図書館メディアの活用場面においては、自己評価や相互評価を取り入れ、子ども自身が学習に向かう態度や身につけた能力などを認識できるように工夫することが必要です。

子どもに学習の見通しを持たせるためには、評価を共有し、他の子どもの視点を取り入れることがより相対的に自己の学習を把握することにつながります。

中央教育審議会・教育課程特別部会の論点整理（2015年8月）には、学習の振り返りを次の学びに生かしていくことの必要性が次のように示されています。

中央教育審議会・教育課程特別部会の論点整理（2015年8月）

子供自身が興味を持って積極的に取り組むとともに、学習活動を自ら振り返り意味付けたり、獲得された知識・技能や育成された資質・能力を自覚したり、共有したりすることが重要である。子供の学びに向かう力を刺激するためには、実社会や実生活に関わる主題に関する学習を積極的に取り入れていくことや、前回改訂で重視された体験活動の充実を図り、その成果を振り返って次の学びにつなげていくことなども引き続き重要である。

次の授業実践では、教師のための評価ではなく、子どもの学びの成長を促すためのものとなるように、相互評価が工夫されています。

様々な学校図書館メディアを活用した探究的な学習では、完成された

成果物を評価対象としがちです。自己評価や相互評価を行うにしても、成果物のような具体物があった方が評価に取り組みやすいからです。また、成果物の評価の方が教師はやりやすいですし、また成果物がよくできていれば、見栄えもするからです。廊下や学校図書館の掲示物としても活用できます。

　確かに「成果物」は「見える化」の一つですが、しかし、単元の最後に成果物を評価するだけでは、子どもの学びが成長するとは考えにくい面があります。

　そうなると、成果物だけを評価しようとするのは適切とはいえません。まずは成果物より前に学習プロセスでの子どもの学びの状況を把握することが大切です。

　むしろ学習プロセスの中に自己評価や相互評価といった評価活動を組み込むことにより、子どもには自己の学びの状況に対する認識をより促すことができます。

3 さまざまな場面に自己評価や相互評価を取り入れてみる

　例えば、次のような場面で学習の振り返りを取り入れることは、学習をスモール・ステップに分けて、子どもがいったん立ち止まり、学習の進め方の修正を図ることにつながります。グループ学習であれば、話し合いによって振り返りを行うようにします。評価には、次のようなさまざまな場面で子どもによる評価活動を取り入れることが大切です。

a. 学習計画の評価
　学習計画について、進め方に問題はないかを評価する。評価の結果、修正点があれば、計画を修正し、学習の見通しをより明確にする。
b. 学校図書館メディアの情報の評価
　課題に照らし合わせて、収集した情報に不足はないか、また、課題解

決につながる情報を集められたかを評価する。評価の結果、不足している情報があれば、収集に当たる。

c. 学校図書館メディアの選択の評価

　課題に照らし合わせて、適切なメディアを選択したり、バランスよくメディアを選択したりしているかを評価する。

d. 学習の進捗状況の評価

　学校図書館メディアを用いて、課題に対する答えを探り、どの程度までわかったかを評価する。評価の結果、わからない点があれば、継続して学習に取り組む。

e. 学習結果の評価

　学習の成果物だけではなく、学習プロセスを振り返り、よくできたことや改善が必要なことについて評価する。次の学習への生かし方を明確にする。

　「c. 学校図書館メディアの選択の評価」は、1次情報を何に求めるかの判断を評価するものです。メディアの選択が情報の質を左右する場合があるからです。課題によってはインターネットで調べないと分からない情報もあれば、図書の情報の方がより正確である場合もあります。メディアの特性を理解する上で欠かせないための評価活動です。

　以上のような学習プロセスの振り返りの際には、教師は自己評価や相互評価に当たるための評価の観点を示し、子どもは振り返ったことを自分の言葉で文章化するのがよいでしょう。

4 気づきを促すことが成長につながる

　以前より「指導と評価の一体化」ということがいわれてきました。しかし、指導がうまくいったかを評価することだけに関心が向きがちです。子どもが主体的に学習を進めていく場合、子どもにとってその学習がど

うだったのかを子ども自身が自分の言葉で振り返ることに意味があるのではないでしょうか。子どもの学習を振り返る生の言葉は、教師にとっても授業を振り返る意味で参考になるものです。

　教師は子どもの言葉にもっと向き合う必要があります。それは成果物の評価からだけでは見えてこない学びの姿でもあります。教師は子どもの評価力を鍛え、子ども自身が自己の学びの状況に気づいていく力を養うことが大切です。自己評価や相互評価の場合、子どもの振り返りには、「…に気づいた。」「前は…だったが、…ということを新たに知った」というような記述を伴って、子ども自身の気づきが表現されることが往々にしてみられます。

　評価規準や評価基準づくり、自己評価や相互評価の観点にしても、同じ学年間、教科担当者同士、教師と司書教諭との間での話し合いを通して、多様な意見を出し合う中で練り上げていくことが望ましいといえます。

　多忙な学校の中で話し合う時間は取りにくいかもしれません。それでもなお、子どもの学びを成長させていく授業づくりの大切な要素として評価方法を捉え、授業づくりに関わる者同士の協働的な関わり合いの時間を持つことが大切ではないでしょうか。

〈引用・参考文献〉
（1）稲井達也編著『授業で活用する学校図書館―中学校・探究的な学習を目ざす実践事例（新しい教育をつくる司書教諭のしごと）』、全国学校図書館協議会、2015年。
（2）新井涼子「新聞記事を活用した批評文の指導―18歳選挙権の是非を問う15歳の主張―」（稲井達也・吉田和夫編著『主体的・対話的で深い学びを促す中学校・高校国語科の授業デザイン―アクティブ・ラーニングの理論と実践―』所収）、学文社，2016年。

メディアが育てる未来

~神奈川県大和市立光丘中学校・長崎県島原市立第五小学校・福井県勝山市立勝山北部中学校~

1 戦略的な取組み~神奈川県大和市立光丘中学校の実践~

若者のテレビ離れ・活字離れが進み、マスメディア全般が大きな岐路に立たされています。新聞をただ学校図書館に並べておいても読まれることはありません。学校図書館担当者として新聞を学習に生かしていくため、どのように支援したり整備したりしていけばよいのでしょうか。

2016年に明治大学で5日間にわたって開催された国際学校図書館協会（IASL）東京大会では、大会3日目に学校図書館の視察が実施されました。筆者は国内外からの参加者約30名を神奈川県大和市の小・中学校に案内しました。

私たちを乗せた貸切バスは、大木さとし市長、柿本隆夫教育長の出迎えを受け、大和市教育委員会の学校図書館スーパーバイザーである守屋明美氏のご案内により、大和市立文ヶ岡小学校（秦安彦校長，当時）と大和市立光丘中学校（岩堀進吾校長，当時）を視察しました。市内中学校の英語科の先生方が海外からの参加者一人ひとりに通訳として付き添ったり、文ヶ岡小学校では夏休み中にもかかわらず児童や保護者、地域の人たちが参集して歓迎会まで開いてくださったりするなど、とてもきめ細かな「おもてなし」がなされました。大和市では、2009年度から学校図書館の施設と学習環境の整備に継続的に取り組んできました。学校教育基本計画には、教育理念として「"自ら成長する力"をはぐくむ学校教育」を掲げ、豊かな感性や情緒をはぐくむ読書活動などの充実を図るため、学校図書館を活用し、読書と探究的な学習の充実を図ることを重点施策の一つとして事業化しています。

読書活動の推進や計画的な学校図書館運営、司書教諭・学校司書との

ホワイトボードに新聞の読み方を掲示

新聞のバックナンバーを見やすくしている

連携や活用に取り組んでいます。中でも、学校図書館スーパーバイザーの配置が事業化されていることが学校図書館の充実に重要な役割を果たしています。学校図書館スーパーバイザーは、学校図書館に関する研修会で講義や演習を実施したり、各校を巡回して学校図書館の運営や活用の支援を行ったりしています。このことにより、学校図書館活用教育の推進に努めるという役割を担っているのです。

このほか、学校図書館に関係したところでいえば、ICT機器の活用も推進しています。また、学習環境の整備として、大規模改修、冷暖房工事のほか、老朽化したトイレの改修と一部男子トイレの個室化といった対応も進められていました。

光丘中学校では、司書教諭の阿部きふゆ教諭（国語科）と学校司書の宇田典子氏が連携して学校図書館の運営を行っていました。学校図書館にはコンピュータのコーナーがあり、1学級分のコンピュータが設置されています。パーテーションが設置されているので、独立したコンピュータ室としても利用できるようになっています。この形態は優れた設計上の工夫の一つです。壁で仕切られていては、学校図書館の一部としての機能的な活用はできません。光丘中学校の学校図書館では、コンピュータが学校図書館メディアのひとつとして位置づけられています。

配架の中で目立ちにくい本を掲示によって目立つようにしたり、多様な別置により知的好奇心や読書意欲を引き出したりするなど、小さな工夫が随所にみられます。中でも新聞はホワイトボードを活用した新聞コ

ーナーが目を引きます。ホワイトボードには新聞の読み方を常時掲示しています。

　また、ホワイトボード前の長机には、今日、昨日、3日前と徐々にさかのぼる形でバックナンバーが整理され、常設されています。

　ニュースをわかりやすく解説した雑誌である『月刊Newsがわかる』（毎日新聞社刊）もあります。

　このような掲示が常設されていれば、学校図書館で新聞を活用した授業を行う際に、教師は新聞の紙面構成を一から教えなくても済みます。新聞の紙面構成の理解には個人差もあるので、わからない子どもは掲示を見て学べます。むしろ、日頃から学校図書館に来ていれば、この掲示を見る機会や新聞に触れる機会が自然に増えるようになります。

　このような仕かけや仕組みを工夫することは、学校図書館担当者としての学習支援の一つであり、学校図書館としてできる地道な工夫の一つでもあるわけです。光丘中学校では文字通り、日々の業務の中で読書センター、学習・情報センターとしての機能の充実を図り、学習支援の基盤づくりに努めているのです。

　大和市は市長自らがリーダーシップをとり、学校教育の充実のため、学校図書館活用教育に力を入れています。市長と教育長、そして校長からは学校図書館の充実に対する並々ならぬ思いとともに、子どもを思う教育への情熱を感じずにはいられませんでした。そのような行政側の理解を得て、学校図書館スーパーバイザーの支援のもと、学校図書館担当者の地道な活動が日々の教育活動を支えています。

2 新聞を身近に～長崎県島原市立第五小学校の実践～

　2016年3月に訪れた長崎県島原市立第五小学校（吉田功造校長、当時）は、島原市の玄関口である島原鉄道・島原駅から5kmほどの閑静な町にあります。島原市は人口約4万6,000人、島原城や武家町が有名であ

り、多くの観光客が訪れます。諫早から出て有明海の穏やかな海を望みながら島原半島を縦断する島原鉄道は、かつては加津佐まで運行していましたが、沿線人口の減少に伴い、2008（平成20）年に廃止されました。

　島原鉄道の終点である島原外港からは高速カーフェリーの航路があり、熊本港との間を約30分で結んでいます。司書教諭の伊福さおり先生（現在は南島原市立西有家小学校勤務）が案内してくれました。

　司書教諭、学校司書、学校図書館係教諭の３人で定例の打ち合わせを行いながら、学校図書館を運営していました。

　第五小学校は雲仙普賢岳災害の時、避難所になりました。今も災害の記憶を風化させず、次世代に語り継ぐため、普賢岳災害について学んでいます。学習集会、総合的な学習の時間などでの学習を通して、地域に対する思いや願いを深めるようにしています。

　島原市教育委員会は「第２次島原市子ども読書活動推進計画」（2015年度から2019年度までの５年間）を策定し、学校司書の配置、図書館との連携、学校図書館内への「長崎県の子どもにすすめる本500選」コーナーの設置のほか、市内全小・中学校の日課表に「朝の読書タイム」を位置づけるなどの取組みを行っています。新聞の購読も予算化されています。

　第五小学校の学校図書館は教室棟から少し離れているため、子どもが学校図書館に来るように工夫をしています。その一つが授業での積極的な活用です。

　国語科や社会科で学習に関連した図書を並行して読む読書活動を取り

新聞を積極的に活用

入れています。単に読むだけではなく、読んだ成果をまとめていました。例えば、伝記を読み、人物の年譜などを作成します。この実践については、第2章で詳しく報告しています。

　学校図書館の学級での利用は時間割に組み込まれています。小さな工夫ですが、学級担任一人ひとりが学校図書館を意識するための、言い換えれば子どもたちを学校図書館にいざなうための工夫といえるでしょう。もちろん教師全員の共通理解があってのことです。

　新聞はその日のものを昇降口に置き、バックナンバーは学校図書館に置いています。第五小学校の学校図書館では、新聞は多様な学校図書館メディアの一つとして位置づけられ、探究的な学習などに活用されていました。

　島原市や長崎県のパンフレットなどを情報ファイルとして分類整理し、郷土学習の資料として活用していました。最新の情報は新聞やインターネットが活用されます。特に新聞という活字メディアを昇降口と学校図書館に常置し、適宜活用することにより、新聞が子どもにとっての身近なメディアとして認識されるようになります。地道な取り組みといえるでしょう。

3 これからの新聞活用～批判的な思考力と創造的な思考力の育成～

　そもそも何のために新聞を活用するのでしょうか。時事問題に強くなることだけではないでしょう。活字メディアの一つである新聞の読み方を学ぶことにより、情報活用能力が養われるのはもちろんですが、知識基盤社会が進展する中で、今日求められているのは、資質・能力の育成に役立つメディアとしての批判的な思考力でしょう。情報が過剰にあふれている中にあって、批判的な思考力は情報の真偽を見抜く力になるだけではありません。情報が副次的に伝える意味や、情報の文脈を読み取ることです。そして、得られた情報を評価し、取捨選択しながら活用し、

自分なりの意見を構築したり、それを他者に向けて発信したりするなどにより、創造的な思考力へとつながる資質・能力を養うことができるのです。新聞活用それ自体を目的にしては、本末転倒になってしまいます。

2012（平成24）年度の NIE 全国大会は、7月に福井新聞社の主催により福井市で開催され、1,780名が参加しました。大会のスローガンは「『考える人』になる　いかそう新聞　伸ばそう生きる力」でした。全体のパネルディスカッションは「新しい時代に入った NIE。何をどう、動くべきか」をテーマとして開催されました。

登壇した勝山市立勝山北部中学校の道関直哉教諭（現在は福井県教育庁生涯学習・文化財課）の実践報告を紹介しましょう。授業で新聞を活用し、九頭竜川に農業系のごみが多いことについて知り、農協や市に呼び掛けてチラシを作るという運動を展開したといいます。道関教諭（当時）は、新聞にも取り上げられ、子どもたちは自分たちの声で世の中が変わることを実感し、自信につながったことを報告していました。

また、「発信する NIE への挑戦！〜環境・観光・暮らしの視点から恐竜勝山を勝ち山に〜」をテーマにした公開授業（道関直哉、島田洋子、中村巳奈男の3教諭による総合的な学習の時間, 中学3年生50人が参加）がありました。「観光」「環境」「暮らし」の3班に分かれ、他県の観光行政の成功例を紹介した記事をそれぞれ読んだうえで、地元で進む恐竜の化石発掘を絡めた市の町づくり策への提言をまとめるという学習でした。

これらの報告や授業は、新聞活用を通して地域について学習したことを、チラシや提言として表現し、情報発信するというものです。道関教諭の実践は、これからの新聞活用の方向性や可能性を大いに示唆しています。現在では、北陸新幹線の効果も手伝って、勝山市にある福井県立恐竜博物館は大いににぎわっているといいます。中学生の提言がまちづくりに生かされたのかもしれません。

「メディアはメッセージである」という言葉があります。英文学者でメディア研究者だったマクルーハンという人の有名な言葉です。この言

葉は今も生きています。しかし、今日では、メッセージの受け取り方の能力（リテラシー）を養うだけではなく、受け取ったメッセージを主体的に評価し、当事者意識を持ち、新たなメッセージを生み出すことに意義があるのではないでしょうか。学校図書館が知識を生かした「創造の場」であるという視点が大切です。

【まとめ】

1．新聞は子どもにとって遠くなったメディアであるため、学校図書館メディアの一つとして位置づけたうえで、学習での積極的な活用を促すような工夫が必要です。

2．学校図書館メディアの情報を主体的に評価し、自らメッセージを発信するための創造的な学習は、これからの学校図書館の学びの意義の一つです。

第4章
海外報告
ICT活用、その先へ

　現代は知識基盤社会です。経済協力開発機構(OECD)のキー・コンピテンシーや21世紀型スキルは、グローバル化する世界の中で、先進国の学校教育の目標として設定されています。グローバル化する現代では、習得すべきスキルが標準化されており、国や文化の違いを超えて、多くの国々の共通したスタンダードになりつつあります。2017年改訂学習指導要領では、21世紀型スキルの理念は、汎用的な能力として捉えられ、「実社会や実生活において生きて働く資質や能力及び態度の育成」「生きて働く知識・技能の習得」などとして反映されています。

☆ 本章のキーワード ☆

- ➡ 知識基盤社会
- ➡ グローバル経済
- ➡ キー・コンピテンシー
- ➡ 21世紀型スキル

教育改革の背景を考えよう 1

1 知識基盤社会で求められる人間像とは

　小学校から大学までを一本の理念で貫くものが今回の教育改革です。その理念が「知識基盤社会」の考え方です。2005（平成17）年に出された「我が国の高等教育の将来像（答申）」で示されたものです。高等教育つまり大学教育の改革に関する答申です。その背景を考えてみましょう。

　バブル経済崩壊後の「失われた20年」を経た現在は「ポスト産業社会」といわれています。ポストとは「〜後」という意味です。これからは高度経済成長やバブル経済の時のような大きな経済成長はあまり期待できません。また、我が国も国際紛争とは無縁ではない状況に置かれています。変化が激しく、見通しを持ちにくい時代です。

　このような社会の中でどのような子どもたち育てていく必要があるのでしょうか、このことを考えるうえで、「知識基盤社会」は前提になるものです。

　次の4つの定義が示されました。

知識基盤社会の定義

1. 知識には国境がなく、グローバル化が一層進む。
2. 知識は日進月歩であり、競争と技術革新が絶え間なく生まれる。
3. 知識の進展は旧来のパラダイムの転換を伴うことが多く、幅広い知識と柔軟な思考力に基づく判断が一層重要になる。
4. 性別や年齢を問わず参画することが促進される。

　「知識には国境がなく、グローバル化が一層進む」（知識基盤社会の定義

1）は、インターネットに見られるネット社会の進展が背景にあります。

また、テクノロジーが良くも悪くも生活を大きく変化させています。スマートフォンは生活を激変させた典型です。そのような意味でも「知識は日進月歩であり、競争と技術革新が絶え間なく生まれる」（知識基盤社会の定義2）はこれからもますます顕著になっていくはずです。同時に「知識の進展は旧来のパラダイムの転換を伴うことが多く、幅広い知識と柔軟な思考力に基づく判断が一層重要になる」（知識基盤社会の定義3）といえます。

OECD の PISA（国際学習到達度調査）のテスト問題では、たった一つの答えを求めてはいません。自分の判断に対して説得力のある説明が期待されているテストになっています。このテスト問題には、グローバルな競争社会で勝ち抜くことのできるような人間像が想定されているという批判があります。

しかし、たった一つの答えを求める大学入試に対応できるような教育だけでは、社会の変化に対応するための資質や能力は養われにくいのです。また、そのような教育の中では、他者と議論する必要もあまりありません。

これからは人と人とのつながりが大切です。人と協調して、立場や意見の違いを超えて、共に学び合い、助け合い、支え合う、いわば共助の社会を実現していくことが求められています。特に日本には既に超少子高齢化社会が到来しています。「性別や年齢を問わず参画することが促進される」（知識基盤社会の定義4）は、性別や世代を超えたつながりが社会をよりよくしていくという視点を私たちに投げかけています。

答申では、次のように知識基盤社会で求められる人間像が示されています。

「我が国の高等教育の将来像（答申）」より

こうした時代（知識基盤社会:筆者注）にあっては、精神的文化的側面と物

質的経済的側面のバランスのとれた個々人の人間性を追求していくことが、社会を構築していく上でも基調となる。また、国内・国際社会ともに一層流動的で複雑化した先行き不透明な時代を迎える中、相互の信頼と共生を支える基盤として、他者の歴史・文化・宗教・風俗習慣等を理解・尊重し、他者と積極的にコミュニケーションをとることのできる力がより重要となってくると考えられる。

　知識を他者のために生かしていく社会こそ、知識基盤社会の理念として大切にされなければならないでしょう。教室において、「主体的・対話的で深い学びの過程」を実現する学習、いわゆるアクティブ・ラーニングのような新しい学びを進めていくうえで、このような人間像はどうしても確認しておく必要があります。

　以上のように、まず先に大学教育改革で議論されたことが、小・中学校、高等学校に下りてきているといえるでしょう。

2 キー・コンピテンシー、21世紀型スキルはグローバル経済が背景

　国際的には現代が知識基盤社会という認識に立ち、「21世紀型の学び」という概念が提出されてきました。代表的なものに OECD の「コンピテンシーの定義と選択プロジェクト」（略称:DeSeCo:デセコ）の「キー・コンピテンシー」という考え方があります。

　DeSeCo では、次の3つの力を領域的なものとして示しました。

DeSeCo によるキー・コンピテンシー

1．相互作用的にツールを用いる力
2．社会的に異質な集団と協働する力
3．自律的省察的な行為に関わる力

これらは PISA（国際学習到達度調査）の基盤となった考え方です。

　また、アメリカではグローバル経済を見通した教育改革の動きがいち早く進められました。2002（平成14）年に、「パートナーシップ・フォー・21センチュリー・スキルズ」（略称：P21）という非営利団体が設立されました。21世紀型協同事業ともいわれています。マイクロソフト、シスコシステムズ、アップル、オラクル、インテル、デルなど、日本でも知られたグローバル IT 企業と教育省などの教育機関が連携し、IT化とグローバル化がさらに進むことを前提として、21世紀型スキルを示しました。21世紀型スキルは、前述の知識基盤社会の進展を背景にし、グローバルな経済社会の中で活躍できる人材の育成を期待しています。アメリカの経済的な発展を担う人材の育成をねらいにしているのです。

　「P21」では、次のようなスキルを示しました。

「P21」による21世紀型スキル

　1．情報・メディアリテラシー、コミュニケーション力

　2．分析力、問題発見・解決力、創造力

　3．協働力、自己規律力、責任感・協調性、社会的責任

　さらに、2009（平成21）年には、ロンドンで、シスコシステムズ、インテル、マイクロソフトがスポンサーとなり、「21世紀型スキルの学びと評価プロジェクト」（略称：ATC21S）を設置されました。

　2010（平成22）年になると、オーストラリア、フィンランド、ポルトガル、シンガポール、イギリス、アメリカが参加国として加わりました。まさに21世紀型スキルは、先進国の国際的なスタンダードになりつつあったのです。ATC21S では、学習に関するスキル、情報メディア・技術に関するスキル、生活とキャリアに関するスキル等が示しています。これらは「新しい学び」とか「新たな学び」といわれるようになりました。

ATC21S による21世紀型スキル

●思考の方法
（１）創造力とイノベーション
（２）批判的思考、問題解決、意思決定
（３）学びの学習、メタ認知（認知プロセスに関する知識）、
●仕事の方法
（４）情報リテラシー
（５）情報通信技術に関するリテラシー（ICT リテラシー）
●仕事のツール
（６）コミュニケーション
（７）コラボレーション（チームワーク）
●社会生活
（８）地域と国際社会での市民性
（９）人生とキャリア設計
（10）個人と社会における責任（文化的差異の認識および受容能力を含む）

　このように、仕事や社会生活を含んだ内容になっています。
　海外青年協力隊の派遣経験があり、開発教育を専門とし、現在は国際開発センター主任研究員を務める田中義隆氏は、自著『21世紀型スキルと諸外国の教育実践　求められる新しい能力育成』（2015年、明石書店）の中で、「新しい学び」の枠組みに共通している能力・スキルとして９項目を指摘しています。協調、コミュニケーション、ICT リテラシー、社会スキル、市民性、創造性、批判的思考、問題解決、生産性の９項目です。
　市民性はようやく我が国の選挙権18歳引き下げで期待されている主権者教育の内容に重なりますが、21世紀型スキルで市民性というのは、もっと広い意味です。一人の市民としてより良い社会の実現のために主体

的に関わることのできる人間像を描いています。

　批判的思考や生産性はまだ取り上げられてはいません。日本の学校文化と批判的思考力の育成は、なじみにくい面があるようです。

3 アメリカと共通する日本の教育改革

　日本はアメリカの教育改革を追随している面があります。アメリカは近年、標準カリキュラムの整備を進めてきました。日本にはもともと学習指導要領がありますが、さらに具体的な学力スタンダードを定める教育委員会が増えつつあります。

　2009（平成21）年のオバマ大統領演説では、教育改革の5つの領域が示されました。「よりすぐれたスタンダードと評価の奨励」プロジェクトにおいては、スタンダードの質を高め、世界トップクラスに引き上げることや、教育水準を高めていくことの必要性が示されました。

　21世紀型スキルの影響は大きく、その評価では、「問題解決、批判的思考、企業家精神、創造性などの21世紀型スキルを測定するものでなければならない」としたほどです。全米共通学力基準（コモン・コア・ステイト・スタンダード：Common Core State Standards：略称 CCSS）は、全米州知事会と全米州教育長協議会が策定したものです。

　児童生徒のグローバル社会での競争力と「高校卒業までに大学や職場に入ってから十分に活動できる力」（カレッジ アンド キャリア レディネス：college and career readiness）を身につけさせることなどをめざし、英語（イングリッシュ・ランゲージ・アーツ English language arts：略称 ELA）と数学の基準が示されました。

　各州も CCSS を実施しましたが、拘束力はないため、各学校の自主的な取り組みが優先されています。アメリカでは学力向上政策がなかなか進んでいきません。その背景には、教師の質が一定ではないことや、地域の格差が教育に与える影響が大きいことなどもあります。アメリカは

日本の学力向上政策の成功例にも学ぼうとしています。

連邦政府は「高校卒業までに大学や職場に入ってから十分に活動できる力」(College and Career Readiness Standard) を採用した州政府には資金を提供する政策を導入しました。ある意味で大変にしたたかな政策です。州政府の全米共通学力基準 (CCSS) への関心は高まりつつあります。

日本でも政府が大学に実学的・実利的な教育の実現と大学の特色に応じたミッションを定めることを求めました。こうした点で旧オバマ政権の教育施策に重なる部分があります。「アメとムチ」といっては言い過ぎでしょうか。

4 汎用的な能力を育む

名称はキー・コンピテンシーや21世紀型スキルと、それぞれ異なるものの、共通するのは汎用的な能力という点にあります。汎用的な能力とは、幅広く応用できる能力といってよいでしょう。

日本ではいち早く国立教育政策研究所の研究により21世紀型スキルを参考にしつつも「21世紀型能力」が示されました。「スキル」ではなく、「能力」となっています。両者を比べると、その一部は似て非なるものになっています。

2017年改訂学習指導要領 (小・中学校) には、「21世紀型スキル」という言葉は入りませんでした。しかし、様々な面でその考え方が日本流に置き換えられたうえで反映されています。

例えば、2017年改訂学習指導要領 (小・中学校) では、「実社会や実生活において生きて働く資質や能力及び態度の育成」「生きて働く知識・技能の習得」などとして反映されています。つまり「汎用的な能力」のことです。これを「実用的」という意味で捉えてしまうと、とても狭くなってしまいます。「生きて働く」ということですから、すぐに使えなくなってしまうような短期的な実用性ではありません。もちろん、汎用

性は時代とともに変化していくものですから、汎用的な能力はずっと固定されたものではありません。

　汎用的な能力を考えるときに、子どもたちの前に立つ教師は、目の前の子どもの実態、地域の実情などに応じて、どのような資質・能力を育む必要があるかを考えていくことが大切なのではないでしょうか。教室という毎日の現場でしかできないことなのです。

2 学びの拠点 ハブとしての学校図書館
～南オーストラリア州アデレードの中等学校における 挑戦(チャレンジ)～

1 ICT活用でめざす学習者像とは

　学校図書館には図書、新聞、雑誌など、多様なメディアがあります。欧米では21世紀型スキル・能力といった汎用的な能力を育てることにより、どのような子どもの育成を目指していくのでしょうか。いや、どのような人間を育てようとしているのでしょうか。このことを考えることなくして、ICTも捉えることはできないでしょう。

　筆者は、2016（平成28）年3月に、オーストラリアのアデレード市の学校視察を行いました。

　オーストラリアの中等学校を視察して考えたことは、21世紀型スキルが目指すのは、「責任ある市民」だということでした。18歳の選挙権にみられるように、日本でも主権者教育の動向が注目されていますが、同時に市民性教育の一環としても重要視されています。民主主義社会で主体的に思考し、判断できるようにするためには、学校教育は大切な役割を担っています。

　アデレードは南オーストラリア州の州都です。人口105万人を抱えるオーストラリア第5の都市であり、典型的な地中海性気候という穏やかな気候に恵まれています。新天地を求めた自由移民によって建設された都市で、ドイツからの移民が多く住んでいます。

　アデレードの郊外にはブドウ農園が広がり、数多くのワイナリーが点在しています。「教会の街」とも呼ばれ、市内にはおよそ30の教会があります。アデレードへの日本からの直行便はなく、シドニーから約2時間のフライトで行くことができます。他に日本から行く場合は、シンガポールやクアラルンプールからの直行便で行くこともできます。

オーストラリアは治安が良く、日本との時差も少ないことから、シドニーやメルボルンといった都市では、短期や長期の留学やホームステイを積極的に受け入れています。

2 州政府教育省が窓口になって国際交流

　州政府教育省には、国際局が設置されています。国際局が窓口になって学校単位の語学研修にも対応しているほか、日本からの留学生を積極的に受け入れています。

　公立学校には国際担当の教頭（アシスタント・プリンシプル）とコーディネーターの役割をする国際担当の教師を置き、国際局と連携しています。ホームステイ先の家庭は、基本的には語学研修先の学校が募集し、事前説明会や事前の研修会も実施されています。ホームステイ先の子弟はバディー（buddy）と呼ばれ、各家庭からバディーとともに通学します。

　筆者は、前任校である東京都立小石川中等教育学校（高校からの募集がない6年一貫教育校）において、2年間に及ぶ開設準備業務と開校後の6年間にわたって勤務しました。アデレードを海外語学研修の地に選び、3年生（中学3年）で2週間の海外語学研修を実施しました。3年生全員が1人1家庭にホームステイしながら地域の学校に通い、「第2言語としての英語」【English as Second Language:略称：ESL】の語学研修のプログラムを受けました。ESLは英語が母語ではなく、第2言語である人のために作られた学習プログラムです。都立小石川中等教育学校では現在もこの海外語学研修が続いています。

3 学校図書館を学びの拠点とする学校〜グレナンガ・インターナショナル・ハイスクール〜

①学校の教育理念を中心とした教育実践が秀逸

　南オーストラリア州の中等教育は、日本でいえば中学2年に相当する

103

学年から高校3年に相当する学年までの5年間を中等教育として制度化しています。今回訪問した3校の中の1校であるグレナンガ・インターナショナル・ハイスクールはアデレードでは唯一の国際学校であり、国際バカロレアのディプロマ・プログラムを設置しています。

　ハイスクールと称していますが、5年間の教育を行います。久しぶりに訪問した同校は、管理職や事務室が入る管理棟や学校図書館棟が新設されていました。以前の訪問時にはすでに国際バカロレアのディプロマ・プログラムを導入していましたが、その後、カリキュラムの改編を行うなど、学校としての教育理念がより明確になっていました。

　学校の教育目標は、次のように示されています。

> グレナンガ・インターナショナル・ハイスクールは全ての生徒に対して、国際感覚、創造的な思考、責任ある市民としての可能性を発展させるように促す。

　「教育目標を反映する価値」として次の4つを掲げています。教育理念のようなものです。

> **卓越【エクセレンス：Excellence】**
> 　卓越した教育と学習とは、自己ベストを目指すということです。永続性と完全性を実証します。成果をたたえます。
>
> **機会【オポティニィティー：Opportunity】**
> 　個別化された学習には、科目、学習プロセス、学校生活の活動の選択肢があります。創造性や柔軟性を評価します。あなたがあなたらしくあるための機会ということです。
>
> **国際的な感覚【インターナショナル　マインドネス：International Mindedness】**
> 　グローバルな視点とは、国際的な文脈での学習のことです。文化の多

第4章　海外報告 ICT 活用、その先へ

様性を評価し、たたえます。アクティブな世界市民になるということで
す。

調和【ハーモニー：Harmony】

　協力的で活気のあるコミュニティとは、敬意の関係です。環境をケア
し、人々がともに働きます。

②カリキュラムを実現させるための組織と施設・設備が充実

　オーストラリアの中等学校には校長のほか、教頭が学校によって5名
から7名配置されています。担当する事業ごとに配置されており、日本
の教頭・副校長のようにあらゆる業務を担当することはありません。担
当業務に関して権限があるため、日本でいえば副校長職に相当すると考
えられます。各教頭を補佐する助手も配置されています。

　南オーストラリア州では、若い段階から教師が管理職を目指すことが
できる制度になっているため、教頭の中には30代の人も見られます。

　また、特筆したいのは、学校事務に当たる管理部門（アドミニストレー
ション）が充実しており、管理業務のスタッフ数が多い点です。このた
め、校長は教育委員会との交渉などを含めた学校経営に専念することが
できます。同様に教師は管理的な業務は事務部門に任せ、書類作成など
の事務作業に追われることはなく、授業に専念することができるのです。
管理職と教師はそれぞれの分担業務がはっきりしており、お互いに尊敬
し合う関係が形成されていました。

　学校として公的に関わる放課後や休日の部活動はありません。オース
トラリアでは生徒の部活動はスポーツを中心に地域社会が担うのが一般
的のようです。グレナンガ・インターナショナル・ハイスクールでは、
夕方からアリーナをはじめとしたスポーツ施設を開放していました。

　グレナンガ・インターナショナル・ハイスクールの施設・設備全ては
カリキュラムを実現するために整備されています。

　学校図書館については後述しますが、中でも特徴的なのは、芸術やも

105

音楽の授業での演奏練習

コンピュータグラフィックの授業

のづくりの教育にも力を入れている点です。例えば、音楽では防音設備が施された複数の練習室が完備され、音楽を選択した生徒たちが練習に取り組んでいました。映画、演劇、デジタルアートなど、芸術系のカリキュラムは多岐にわたっており、学習を支える教室が整備されています。また、工業系の科目にも力を入れています。

③個別化された学習を特徴としたICT活用

「機会」として重視されている「個別化された学習」(パーソナライズド・ラーニング)とは、学校の特徴を端的に表しています。個別化された学習とは、「科目、学習プロセス、学校生活の活動の選択肢があります。創造性や柔軟性を評価します。あなたがあなたらしくあるための機会ということです」とあります。個人に向けられた教育といえます。

学校は、このような教育理念を実現させるために細分化された価値観に基づいて、カリキュラムはもとより、校内の施設・設備やICT活用のシステムがデザインされています。

教師と生徒の全員がノートパソコンを所持し、校内では無線LANによりネットワークに接続できるように整備されています。

生活と学習をサポートするための学校専用のポータルサイトが開設されており、連絡や教師と生徒のやりとりなどはポータルサイトを通してオンライン上で行われます。ポータルサイトの全てのシステムやコンテンツは学校が独自に構築して運営しているわけではありません。グーグ

ル・フォー・エデュケーション（Google for Education）のように民間企業が開発したサービスを積極的に採用して機能の効率化を図っています。例えば「クラスルーム」というサービスがありますが、Google によれば、「クラスの管制センター」として位置づけられています。クラスの作成、課題の配付、フィードバックの提供、クラスのあらゆることの管理、これらすべてを1か所で行えるシステムだということです。

「ペーパーレス化を実現しながら、必要なことをその場でできる、使いやすいツール」といえます。最初から開発するよりも既存のサービスを導入すれば、コストの削減を図ることもできます。このような発想はICT 活用の推進において日本の教育委員会にはみられません。

教室は教科ごとに構成されており、教師は固定した自分の教室を持っています。黒板はなく、すべての教室にはホワイトボードが設置され、プロジェクターが固定されています。ホワイトボードはスクリーンとして用いられます。例えば、演習用の問題が投影された場合、教師は水性ペンで必要に応じてホワイトボードに書き込むことができます。スクリーンに投影される文字はけっして大きくはありませんが、スクリーンの画面は生徒のコンピュータ画面でも共有されているため、不便さは感じられません。いわゆる電子黒板はなく、ホワイトボードを活用する授業スタイルです。

ほとんどの情報は教師と生徒の間でコンピュータの画面上で共有されているため、教師がホワイドボードに書き込んで説明する場面はほとんど見られません。

また、生徒のコンピュータ上での作業は、教師がリアルタイムで把握することができます。アデレードの公立学校では、黒板を使って教師が懇切ていねいに説明するという授業スタイルは、すでに前時代の遺物と化していました。アデレード視察前に訪問したアメリカのミネソタ州ミネアポリスの公立小学校、中学校、高校でも同じ状況でした。

なお、グレナンガ・インターナショナル・ハイスクールでは、ノート

パソコンは生徒が個々に購入しますが、機種は全てアップル社のマックでした。旧型の MacBook Pro を使用している生徒がほとんどでした。薄型で軽い機種ではなく、重さがあるものの、生徒はうまく使いこなしている様子でした。アップル社のコンピュータは操作性が良く、動画やグラフィック処理をしやすいため、導入する学校が多いそうです。

　パソコンの単価を抑えて保護者の負担を軽減するため、エイサー（本社：台湾）などの廉価なコンピュータを採用し、Windows のソフトウェアーを用いる学校も見られます。生徒用のコンピュータは学校によっては 5 年間のリース契約で個人に貸与し、卒業と同時に学校に返却するというシステムを採用している学校もあります。

　廊下には学習スペースが設けられ、空き時間を使って、生徒たちは同級生と一緒に学習に取り組んでいました。最近は日本でも自由に学習に取り組めるスペースを設ける高校が増えてきました。特に目新しいことではありませんが、これもまた教育理念の具現化の一つとして捉えることができます。グレナンガ・インターナショナル・ハイスクールでは、「個別化された学習」を支える学習スタイルとして、授業時間外でも主体的で対話的な学習スタイルが周知されています。たいていは同級生たちとノートパソコンを活用し、対話しながら学習していました（写真4）。

　このような対話的な学習は、「協力的で活気のあるコミュニティ」という価値観に基づいたものです。個別化と協力的であるということはけっして矛盾しておらず、むしろ相互補完的な価値観として、実際に生徒の学習活動の中に実現されていました。

④ハブとしての学校図書館

　グレナンガ・インターナショナル・ハイスクールでは、学校図書館は「ライブラリー」ではなく「ザ・ハブ」（The Hub）と呼ばれています。ハブという言葉には、車輪の中心という由来があります。学校のネットワークの中心という役割が象徴されていると考えられます。ハブは校内の軸と軸をつなぐ中心であり、学習と学習をつなぐ中心という位置づけと

学校図書館で学習する生徒　　　　　学校図書館のステージ

考えられます。
　学校図書館には「個別化された学習」という教育理念に従い、ラーニング・コモンズとしての役割が担わされています。
　専任の司書教諭が2名配置されていますが、他に5名のスタッフが常駐しています。また、自由な学習スペースが設置され、常に学習支援を行う教師が配置されています。教師は当番制により、交代で配置されているのです。
　ところで、文部科学省によれば、ラーニング・コモンズとは次のように定義されています

> 複数の学生が集まって、電子情報も印刷物も含めた様々な情報資源から得られる情報を用いて議論を進めていく学習スタイルを可能にする『場』を提供するもの。その際、コンピュータ設備や印刷物を提供するだけでなく、それらを使った学生の自学自習を支援する図書館職員によるサービスも提供する。

　大学教育における図書館の考え方ですが、近年では中等教育においてもこの理念が具体化されるようになってきています。
　学校図書館内には低書架と学習用のテーブルがゆったりと配置されています。書架にはキャスターが付いているため、生徒が学習に応じて自

109

由に配置を変えられるようになっています。

　学習テーブルの近くに関係する図書が収められた書架を移動することも認められています。ただし、司書教諭はこのことについてはあまり賛成していませんでした。

　図書館の奥にはステージがあり、昼休みには図書館を使ったミニコンサートやパフォーマンスなどが開催されています。学習・情報センターであるだけではなく、生徒が空き時間や昼休みなどに集うコミュニティの場としても機能していました。

　オーストラリアの学校には午前中にリセス【Recess】という約20分間の休み時間が設けられています。飲食も認められています。リセスの背景には、オーストラリアでは一般的に朝食がきわめて軽食であることもあると思われます。校内の売店では菓子類も売られています。さすがに学校図書館での飲食は認められていませんが、リセスの時間には多くの生徒たちが集まり、談笑したり、本を手に取ったりしていました。

　学校図書館にはコピー機があり、生徒は自分のコンピュータからWi-Fiを通じてコピー機に接続し、印刷することができます。主にレポートなどの学習課題の印刷を行うそうです。

　蔵書数は多くはありません。雑誌、新聞は全て電子図書館に収められており、生徒はオンラインに接続し、自由に閲覧したり借りたりすることができます。また、新刊や推薦図書など多くの図書が電子図書館に収められています。学校図書館用のウェブサイトには、学校のポータルサイトから接続する仕組みになっています。

　ちなみに、コピー機は校内の教室棟の廊下に設けられた学習スペースにも配置されています。他に電子レンジも置かれ、学習の合間に休憩をとったり軽食をとったりすることができるようになっており、ゆったりとした学習空間が構築されています。

　司書教諭は学校図書館用のウェブサイトだけではなく、ポータルサイトについてもカリキュラムに即した内容になるように工夫しながら構築

に当たっているそうです。つまり、司書教諭は学習・情報センターとしての学校図書館の具体的なデザインだけではなく、ポータルサイトにメディア・センターとしての機能を持たせるための主たる運営者であり、設計者になっています。

　カリキュラムの内容を実際の教育活動として実現していくためには、ポータルサイトの充実は欠かせません。司書教諭はコンテンツの面で責任を担っていることになります。グレンアンガ・インターナショナル・ハイスクールでは、司書教諭は学習支援の補助的な役割ではなく、中心的な役割を担っていることになります。したがって、司書教諭にはカリキュラムを熟知しておくことが求められています。このためには、同時進行で発展していく生徒たちの学びの状況や教師たちの授業実践についても十分に情報を得ておくことが欠かせません。

4 21世紀型スキルの習得が学校の目標

　教室には学校が作成した「21世紀型の教授と学習のための教育学的な枠組」【Pedagogical Framework for 21st Century Teaching and Learning】と題されたポスターが掲示されており、学校としてのカリキュラム・デザインに関する基本的な考え方が端的に示されていました。

　個別化された学習（パーソナライズド・ラーニング）、課題の設計（タスク・デザイン）、協働（コラボレーション）、省察的な学習（リフレクティブ・プラクティス）という4つの要素を示し、これらが複合的に関係し合うことにより、21世紀型の教授と学習【21st Century Teaching and Learning】が実現されるという考え方です。

　これらの4要素は次のように示されています。

○個別化された学習
　・情報の評価

111

- ・双方向の価値ある学習環境
- ・反転学習
○**課題の設計**
- ・知的な広がり
- ・評価/節度
- ・HLW 戦略
○**協働**
- ・同僚とともに
- ・生徒間で
- ・生徒と教師間で
○**省察的な練習**
- ・自己省察
- ・生徒からのフィードバック
- ・取得されたデータ
- ・同僚からのフィードバック

5 学びを教室の外へ広げる

　日本では ICT 活用を話題にすると、すぐにタブレット端末をはじめとした情報機器をどのように使うかという方法論に向かってしまい、何のために情報機器を活用するのかということが抜きになってしまうことが多いようです。教科等の指導目標や学習のデザインがあって、はじめて ICT 活用の意義がみえてくるはずです。また、タブレット端末ばかり話題になりがちです。コンピュータはコンピュータ教室にしまいこまれたままですし、話題になることがあまりありません。ICT 活用があくまでも教える側の視点に限定されています。学習者の側の視点が大切です。

　グレナンガ・インターナショナル・ハイスクールでは、学校図書館を

文字通りハブにして学校の中心に位置づけています。学校図書館の図書だけではなく、新聞や雑誌を含めた電子図書を整備し、生徒の「個別化された学習」を支援する場として機能しています。

　例えば、学校教育での新聞の活用は、日本でも有料ですが、電子版が提供され、オンラインによるデータ・ベースが整備され、徐々に導入が進んでいます。新聞の電子化は、ICT活用の方向性の一つとしての可能性を示唆しています。

　学校図書館だけを取り上げて考えても、学校図書館とICT活用はつながりにくいのです。同校では、ICT活用は教育理念と教育目標を実現するための手段の一つとして捉えられています。そして、カリキュラム・デザインの中にICT活用を位置づけています。全体を統合する視点の中でICT活用が捉えられ、学校図書館が学習の中心を担っているのです。

　ICT活用がさまざまな21世紀型スキルの育成を支援するツールになっています。もちろん光の当たるところには影の部分もあります。

　アデレードの他の学校に勤務する筆者の友人と話したところでは、多民族国家であるオーストラリアには、経済的に困窮している層も当然いるため、どのようにコンピュータの所持を学校として保証していくかが課題になっているといいます。コンピュータは以前よりも安くなったとはいっても、まだ高価なことに違いはありません。格差社会の問題はオーストラリアでも見過ごせないことなのです。

　ICT活用を推進する際に、どのように公教育が教育の質を保証していくのか、いずれ日本でICT活用が積極的に推進された場合には、このことは切実な問題になるでしょう。

　また、ICT活用の推進により、教師は自宅でも学校の学習支援システムにアクセスできることから、在宅での業務が行えるようになりました。教師の多忙化の一因になりかねないことも懸念されているといいます。この問題も、日本の教師の多忙化を考えると、ICT活用の推進の

懸念材料の一つかもしれません。

　インターネットを活用した学習支援システムの多くは、生徒の学習状況に応じて、個別に動画やワークシートなどを配信することができます。このことが教師のいっそうの残業につながったり、在宅での業務時間の増加を呼び起こしたりするということが心配です。便利なものも使い方を間違えると、生徒の学習を十分に支援しきれず、教師がシステム側に使われてしまうというようなことが起こりかねません。どのようなICT活用をデザインするか、教師と生徒の双方にとって幸福なシステムの運用が必要です。

　グレナンガ・インターナショナル・ハイスクールでは、生徒の学習支援までを含めたトータルなICT活用がデザインされています。授業場面に限ってICT活用を捉えていくのか、それとも生徒の個別的な学習の支援までも含めた教育サービスを提供していくのか、この点を見極める必要があります。さまざまな観点からの検討が必要といえるでしょう。

　しかし、どちらを採用するにしても、授業での学びや生徒の自主学習と学校図書館をどのように関連づけるのかという観点は外せません。新しい学びを構想する上で根本的に必要なのは、トータルな視点であり、ある意味で教師は授業だけで勝負せず、学びを教室の外へと開放していったほうがよいのではないでしょうか。つまり、学びの場が、学校図書館であったり、地域であったり、他の人々であったりということです。

　21世紀型の学校教育が志向する市民性とは、自立した人間です。子どもたちは教室以外での場でも育まれるはずだからです。

【まとめ】

1. ICT活用を方法論で捉えるのではなく、育てたい学習者像、授業の目標に照らし合わせるなど、何のために導入するのかを考えることが大切です。

2. ICT活用では、学校図書館の活用と関連づけ、学習者の学びを支援する場として位置づけることにより、学校の中心的な役割を担うように工夫を図ることが必要です。

3. ICT活用の先進的な推進には影の部分があり、情報機器の個人所有には費用の負担軽減という課題の克服が欠かせません。また、ICTを活用した学習支援の個別化が進めば、教師のいっそうの多忙化が懸念されます。

※本報告は、科学研究費・基盤研究（C）「言語運用能力の基盤形成を支援する新聞教育に関する研究」（2014年～2016年）の一環として行われたものです。

3 コンピュータを活用した学びと本のない電子学校図書館
~南オーストラリア州アデレードの中等学校における挑戦(チャレンジ)~

1 国際交流はビジネス

　オーストラリアの場合、歴史的・地政的な関係から、すでに世界に開かれた「国のかたち」があります。

　南オーストラリア州政府教育省では国際局が中心になって国際交流に力を入れ、さまざまな地域に教育市場を開拓しており、ビジネスの一つとして成立させています。ヨーロッパのほか、東南アジア諸国との交流に力を入れているといいます。

　中等学校での日本語の授業は生徒に人気が高いそうです。

　私たちが訪問したときには、州政府教育省国際局の責任者であるジル・シモンズ氏は、ヨーロッパへの出張から戻ったばかりでした。国際局では日本語版のパンフレットも発行しており、日本人留学生の受け入れの開拓に積極的です。日本人向けに小学生から高校生までの多様な留学プログラムを設定しています。オーストラリアの中等学校の教育改革は、このようなグローバル化され、外国に開放された「国のかたち」と不可分の関係にあると考えられます。

中学生はiPadを活用し

国語でMacを使って動画を作成する高校生の国語

シェイクスピアを読み動画にまとめる授業

2 21世紀型スキルを特色化する〜ブライトン中等学校〜

　ブライトン中等学校は、創造的な思考力、批判的な思考力、問題解決力などを育成し、生涯にわたって学び続け、グローバル社会での市民としての基盤を養うことを目的にしています。他校と同じように21世紀型スキルを養うことを中核にしたカリキュラムを編成しています。

　音楽とスポーツ、中でもバレーボールに力を入れています。校内には独立した劇場があり、ステージでは演劇の授業が行われていました。

　オーストラリアの中等学校で特徴的なのは、芸術に力を入れている点です。施設が充実しており、地域の住民を招いて演劇やコンサートが行われます。

　ICT 活用では、中学生は主に iPad を使い、高校生はアップル社・Mac のノートパソコンを使用しています。校内には他校と同じように無線 LAN が整備され、ネットワークにアクセスすることができます。また、教室には黒板がなく、ホワイトボードとプロジェクターが設置されています。

　高校生の国語科の授業を参観しました。授業ではシェイクスピアの作品を読み、テーマを各自が選んで、動画を交えたプレゼンテーションをつくるという授業が行われていました。生徒に聞いたところでは、プレゼンテーションをつくるためには、シェイクスピアの作品を読むだけでは十分ではなく、学校図書館の図書やインターネットを活用したといいます。

　生徒はテクストから読み取ったことをグループ・ディスカッションで深めた上で、分析の観点を決めて考えを整理し、さまざまな工夫を取り入れた表現媒体としてまとめます。このような情報の発信まで含めた一連の学習を単元として設定しています。Mac のノートパソコンに付いているカメラで自らを撮影して、プレゼンテーションの動画をつくります。必要に応じてスライドを取り込んだり、他の動画や音楽も入れたり

します。コンピュータのさまざまな機能を使って、発信力を高めようとしているのです。

3 図書館のない学校〜ヘンリー中等学校〜

①電子図書館を有するポータル・サイトが学習支援の中心

　ヘンリー・ハイスクールは、ハイスクールとありますが、日本で中学生に当たる生徒も学ぶ中等学校です。政府が実施するリテラシーと数学のテストにおいて優れた結果を残しています。科学、テクノロジー、工学、数学の分野で質の高い教育を提供し、芸術分野と商業トレーニングにも力を入れています。特別に許可された生徒については、11の異なるスポーツ・コースのプログラムを受講できます。また、統合教育（インクルージョン教育）にも力を入れており、特別支援学級を併設しています。ケータリング、ホスピタリティ、幼児教育などの地域サービス分野で地域社会への貢献が行えるようにキャリア・トレーニングを行っています。

　国際プログラムでは世界15か国から留学生を受け入れ、海外から来る教職員の研修も行っています。

　同校では、他校と同じように21世紀型スキルを身につけさせることを目標の一つにしています。

　生徒はエイサー社製のノートパソコンを使っています。コストが他社に比べて安いためだそうです。在学期間中の貸与になっています。

　この学校には学校図書館がありません。グレナンガ・インターナショナル・ハイスクールと同じように、学校としてポータル・サイトを構築し、個別の学習支援を可能にしています。学校図書館のコンテンツがすべて電子化されている点が他校と大きく異なっています。

　教科書は一部を除いてほぼ電子化され、生徒は個々に所有しているノートパソコンからポータル・サイトにアクセスし、画面上で教科書を見たり、ワークシートに記入したりします。教科書とはいっても、検定教

科書のようなものがあるわけではありません。教師が選定したものであり、学校として認定したものです。

　学習支援システムとなるポータル・サイトには、このような教科書も含めた多様なメディアが取り込まれており、図書館機能だけを切り離して捉えるのは無理があります。ポータル・サイト内では図書館のメディアも他のメディアも同じであり、機能の区別が難しいようにみえます。そもそも多様な電子メディアの活用では、電子図書館が所蔵する電子書籍と他の動画やワークシートといったメディアとの垣根がありません。ポータル・サイトが所蔵するあらゆるメディアは、データベース的なものといえます。生徒はこのデータベースを活用して情報リテラシーを身に付けていくことになります。電子書籍もその一つです。生徒の利用目的によって、多様なコンテンツが学習材になるときもあれば、あるいは読書材になるときもあるわけです。利用目的によってメディアを選ぶのは利用者である生徒です。

　このように学校のポータル・サイトそのものが大きなデータベースとなっており、学校図書館の機能もまたその一つとして位置づけられます。こうなると電子図書館としての機能を明確にしておかないと、図書館という概念自体が確立しにくくなります。双方向の学習支援システムの中では、電子図書館の存在は、その機能の一部でしかないようにみえます。それは同時にリアルな図書館の使い方を学ぶ機会を失うということにもなります。

　ヘンリー中等学校も他の南オーストラリア州の中等学校と同様に教科・科目別の教室を持っており、大きな職員室がありません。教師は個別に教室を持っているのです。リセスという業間の休み時間や昼休みにはスタッフ・ルームという大部屋に集まり、教師同士でコミュニケーションをとりながら、リセスには軽食を、昼休みには昼食をとります。週末には有志で軽食を持ち寄り、スタッフ・ルームで懇親会を開催する学校もあります。

　このリセスの時間にスタッフ・ルームで歓談したオーストラリア人女

119

性の日本語教師は、学校図書館がないことに対して、疑問を持っていました。彼女によれば、若い教師は机上に本を置いておらず、授業準備はすべて電子図書館の電子書籍で間に合わせているといいます。彼女は生徒よりもむしろ教師のそのような姿勢を批判的にみていました。

　グレナンガ・インターナショナル・スクールのように学習のハブとなるような学習・情報センターとしての「リアル学校図書館」がないため、教育理念を具体的に統合する場所がありません。あるといえば、それは日々の教育実践であり、施設としては校内の各所に設置された協働学習のためのコモン・スペースということになります。結果として、コンピュータへの依存度が高くなります。

　デジタル・ネイティブといわれる世代には、仮想のデジタル世界だけではなく、実物のリアルな世界を前提にした情報リテラシーを養う機会をあえて設ける必要があります。学校図書館はアナログでしかできないことを学ぶ場所でもあり、そのための機会を提供する場所です。電子化の趨勢に抗うことはできないにしても、デジタルとアナログの双方を活用することは外せないのではないでしょうか。学校図書館のない学校から、筆者は改めて学校図書館の存在意義の問い直しを迫られました。

②授業は予習前提の反転学習～実験中心の理科の授業～

　中学生の化学の授業を参観しました。ヘンリー中等学校の理科の電子教科書には、実験の目的や流れが詳細に説明されています。情報量は多いため、授業中に読む時間をとることはできません。生徒は予習として読んでおかないと、実験の意味も理解できません。教師が説明しなくてもわかるようにすべて教科書に書かれています。理科ほど実際に見たり感じたりすることが大切な科目はありません。授業では実験にほとんどの時間が割かれていました。これを可能にするには、教科書の予習が前提になる。いわゆる反転学習です。教室では授業でしかできないことに特化し、集中できるように授業がデザインされていました。

　実験は教師のデモンストレーションが中心で、生徒が実験する場面は

ありませんでした。教師は実験を丁寧に観察させながら、生徒が現象の理由を推察することを重視していました。

　授業の後半に入ると、生徒は一斉にコンピュータに向かい、画面上のワークシートに自分の言葉で実験から推察したことなどを書き込んでいきます。後でレポートなどにまとめるのではなく、実験後にすぐにその教室で整理させます。教師は生徒の作業を自分のコンピュータで見ることができるため、生徒の理解度をリアルタイムで確認できるようになっています。ノートや筆記具を使う場面はありませんでした。

③クラウド教科書とアナログの併用～問題を解く数学の授業～

　中学生の数学の授業においては習熟度別の授業が行われていました。基礎的なクラスでは、教師はできるだけ個別に対応する様子がみられました。一方で最も習熟度の高い生徒は、教室の外のコモン・スペース（複数のテーブルが設置されている）で、班で協力しながら練習問題を解いていました。教師の指導・支援はほとんど必要としないレベルの生徒らしく、お互いに教え合いながらの対話的な学習が進められていました。

　数学の教科書もデジタル教科書でした。日本のように電子黒板に映すのではなく、教科書はクラウド上のサーバーに収められているため、生徒は個々にアクセスしてコンピュータの画面上で教科書を開きます。しかし、すべてを画面上では行わず、生徒は筆記具とノートを使って計算を行っていました。デジタルとアナログの併用です。学校図書館のない学校ですが、コンピュータを過度に活用しているわけではありません。生徒が必要に応じて使い分けるように指導しているのです。

中学生の数学科授業基礎クラス　コモン・スペースで協働的に学習　クラウドからアクセスする教科書

4 ICT 活用で大切なこと

　南オーストラリア州が21世紀型スキルを具体化した新しい学びに力を入れているのは、ICT 活用が21世紀型スキルの育成には欠かせず、教育方法のグローバル・スタンダードになりつつあるためです。学校図書館もまた21世紀型スキルの育成の中に位置づけられています。図書館のない学校はその究極的な姿ですが、これがスタンダードになる日が近いのかもしれません。

　ヘンリー中等学校の校長へのインタビューでわかったことですが、学校経営では教育のグローバル化を強く意識していました。校長は州教育委員会と強く連携を図りながら、この数年間予算獲得に努め、学校の特色化に注力してきました。校長の仕事は教育理念の具現化に集中しています。教育活動の具体的なことは複数名の教頭に任せられ、それを補佐する事務部門には多数のスタッフを置いています。校長の裁量権は大きいのですが、教頭、教師の裁量権も大きいのです。自由であることにはそれだけの責任を伴いますが、その分だけ教師は自覚と誇りを持って取り組んでいる様子がみられました。

　一方、21世紀型スキルに見られるような新しい学びは、日本ではまだ切実な問題ではないのかもしれません。日本の場合、さまざまな業界が規制によって国外からの参入を抑止し、国内産業が実質的に保護されてきました。規制緩和が進むと日本は厳しい競争にさらされることになります。物流だけではなく、人の交流も活発になるでしょう。

　教育界でも、例えばスーパー・グローバル大学やスーパー・グローバル・ハイスクールの事業にみられるように、グローバル化を視野に入れた動きが進んでいます。ただし、英語教育や留学に力点が置かれている点では旧来の教育観にもみえます。

　21世紀型スキルを視野に入れれば、ICT 活用に関わる教育環境の充実は欠かせません。日本の ICT 活用では、文部科学省の専門家会議に

おいて電子教科書を導入することが提案されました。これを受けて総務省が中心になって2020年度までにすべての小学校・中学校・高等学校に無線 LAN の整備を進めようとしています。

　カリキュラムの中に ICT 活用を位置づけ、ICT を効果的に活用するというのは各教育委員会や学校のこれからの課題です。ハード面だけではなく、ソフト面の充実のためには、施設・設備を生かすための教育理念、教育目標、カリキュラムの三位一体の改善や工夫が求められます。これがアデレードの中等学校から最も強く示唆されたことなのです。

【まとめ】

1．電子化が極端に進めば、学校図書館という概念で多様なメディアをひとくくりにすることは難しいため、学校図書館の機能とは何なのか、存在意義そのものの問い直しに迫られます。

2．ICT 活用では、デジタルとアナログを併用し、それぞれの良さを生かすことが大切です。ICT への過信は避けるべきです。

3．ICT 活用のための施設・設備を教育活動に生かすためには、教育理念、教育目標、カリキュラムの改善や工夫が必要です。

やってみよう！学校図書館 ❶

子どもの気づきを促し、感想を育てる読書感想文の指導
～小学校「読書感想文の書きかた」出前授業の実践事例～

1. 国語科の学びと読書感想文をつなげる

　読書感想文の指導は国語科の授業で行われることが多いようです。しかし、国語科では教科書教材の詳細な読み取りを中心にしているため、1冊の本の通読を前提としている読書感想文とのギャップが大きいのです。

　「読むこと」の豊かさが先にあり、「読むこと」と「書くこと」を関連づけた指導を通して子どもたちは読書感想文を書くことができるようになります。筆者は長年にわたって高校で国語を指導してきましたが、高校生であっても読書感想文は国語科における継続的な読書指導が必要であることを実感することが多くありました。読書指導と読書感想文の指導の工夫について、小学校への出前授業の実践を交えながら提案します。

2. 国語の授業での工夫～年間指導計画への位置づけと読書指導の工夫～

　国語科の読書指導では、本の読み方を理解し、読書の楽しみや喜びを実感させ、読書習慣を定着させるなどの指導を通して、毎日の言語生活を豊かにすることを目指すべきでしょう。しかし、クラスには読むべき本を選べない子どもや、本を読むことに対する抵抗感のある子どもがいます。このような状況から読書感想文をまとめることに到達するためには、国語科の年間指導計画に読書指導を位置づけた計画的・継続的な指導が必要になります。

　読書感想文の指導も国語科の年間指導計画のみならず、学校の教育活動と関連づけて行うことが必要です。例えば、「言語活動の充実」の一つとして位置づけます。では、いったいどのような読書指導の工夫が必要でしょうか。

　第1に、国語科の授業を活用して、帯単元として計画的・継続的な読書指導を行う工夫があります。例えば、子どもが本を紹介する言語活動を行ったり、クラスの全員が毎時間少しずつ同じ本を継続して読んだりする言語活動が考えられます。小・中学校の国語科の帯単元では、漢字やことわざなどの言語知識やスピーチを行うことは多いでしょう。残念ながら、高校では帯単元という発想自体がほとんどみられません。そもそも、高校国語科には、単元という発想がありません。

　「読んだ本の紹介」ではハードルが高くなる子どももいるので、「読んでみたい本」を紹介する活動を行ってはどうでしょうか。スピーチの内容としては次のような内容が考えられます。

---

①題名や表紙の情報からからどんな内容を想像したか。

②少し読んでみて（味見読書）、どんな印象や興味・関心をもったか。
　③このまま読み続けられそうか。

　「①題名や表紙の情報からからどんな内容を想像したか。」は、いわゆる題名読みに当たるものです。日頃の国語科の授業で新しい教材を読み始める際に、教材を読むことを自明のことにせず、子どもたちに題名から内容を類推させる学習を取り入れることが大切です。この言語活動を通して子どもたちがクラス全員で本に関する情報を共有し、本に対する興味や関心を徐々に高めていくことができます。教師も同じように学校図書館で選んだ「読んでみたい本」を紹介すると、子どもたちの興味や関心がいっそう高まるはずです。

　第2に、子どもの本に対する興味や関心を引き出し、読書のきっかけをつくる工夫が挙げられます。例えば、授業で小説や物語を扱った後、学校図書館に出向き、教師が様々な本を紹介したり、好きな本を選ばせたりするなどにより、子どもたちの「読んでみよう」「読みたい」という思いを高めるための動機づけを図る工夫です。

　教科書教材の作者の他の作品を紹介したり、似た内容の作品を紹介したりするなど、子どもの本への興味や関心を高めることが大切です。中学校、高校の国語教科書には「読書案内」として教材に関連する本が紹介されていますが、学校図書館が所蔵している本もあれば所蔵していない本も含まれています。まずは、学校図書館が所蔵する本を活用するのが適切です。

　このような時間を確保するのが難しければ、学級活動の時間を活用するとよいでしょう。大切なのは教師自身が、子どもたちの本を選ぶ場に立ち会うことです。そうすることで、子どもたちの興味や関心のありようを把握できます。子どもの興味や関心の実態の中に読書指導の見通しを持つことが大切です。

3. 読書感想文指導のポイント〜実践事例を通して〜

　読書感想文の指導には、子どもの気づきを促し、感想を引き出すための工夫が必要です。国語科で共通の読書材を読むことを通して、気づいたことや考えたことを教室内で共有し、子どもたち一人ひとりが自己の経験と本の内容を照らし合わせ、両者を関連づける学習になるように心がけます。

　「感想」という言葉は漠然としています。子どもたちはどのように「感想」を書いていいのが分かりません。国語科の授業で感想の交流や感想の整理を経て、読書感想文に至る学習過程を経験させることが必要です。

（1）実践校の概要

　筆者は2013（平成25）年9月に勤務校の近隣にある東京都世田谷区立給田小学校〔杉山直道校長（実践時），猪刈恵美子校長（現在）〕の依頼を受けて、4年生の4学級それぞれに出向き、「読書感想文の書きかた」の授業を行いました。

給田小学校は世田谷区の閑静な住宅街の中に立地するコミュニティ・スクール（地域運営学校）です。教職員と地域の関係者から構成される学校運営委員会が中心となって特色ある教育活動を展開しています。筆者は委員長を務めたことがありますし、現在も委員を務めています。

　学校創立は1958（昭和33）年です。地域運営学校になって今年で10年余になります。1980（昭和55）年から30年以上続いているのが「うすぎ・はだしの奨励」をはじめとした「心と体の健康づくり」です。

（2）授業概要

　給田小学校の出前授業では、物語の読みを通して気づいたことや考えたことを自分の言葉で整理した上で、自分の生活や経験と比較し、両者を関連づけるという学習過程を授業としてデザインしました。

①良い読書材を選ぶ

　読書は個人的な言語行為ですが、教室で全員で読む場合には良い読書材を選定する必要があります。

　給田小学校の出前授業では、『ぼくがラーメンたべてるとき』（長谷川義史・著、教育画劇、2007年初版刊行）を選びました。この作品は第57回小学館児童出版文化賞と第13回日本絵本賞を受賞したものです。これを読書材として選んだ観点は、次のようなものになります。

〈読書感想文につながる読書材を選定した観点〉

①クラスの多くの子どもたちが興味や関心を持ちやすい内容であること。
②本の内容をもとに様々な考えを引き出したり想像を広げたりできること。」

②みんなで読み、気づきを促す～読み聞かせを通して～

　小学校の場合は読み聞かせを活用するとよいでしょう。読み聞かせの場合、保護者や地域のボランティア任せにしている小学校がよくみられます。イベントとしての読み聞かせであればよいのですが、担任教師は、国語科授業に生かせるように読み聞かせの経験を積み重ねるとよいでしょう。

　給田小学校の実践では、読み聞かせの後に、語りかけたり問いを発したりしながら、ゆっくりと再読しました。

　例えば、女の子の水汲みの場面では「何で水汲みをしているのだろう」と問い、「水はとても重いよ」と語りかけました。

　女の子が牛を引いている場面では、「女の子は何歳くらいだろう」と問いかけ、子どもたちの気づきを促すよう努めました。

　このような再読の後で、「日本の子どもと比べて外国の子どもはどう違うだろう」、「砂漠の男の子はどうしたのだろう」などを訊きました。これは感想を育てるための手立ての一つとして行いました。

子どもは自分や友だちの気づきを通して、徐々に本の世界に入り込んでいきます。小学校に限らず、この絵本は中学生であっても、自分たちの生活の豊かさと比較し、世界の様々な状況への想像をめぐらせる力を持っています。

③ワークシートを活用して、自分の気づきを言語化する

　給田小学校の実践では授業が１時間に限られていましたので、ワークシートを用いました。

　読書感想文の材料を練るため、次のようなことを考えてもらいました。

〈子どもたちに考えてもらったこと〉※ワークシート参照（130〜131頁）

---

①本を選んだ理由の説明
②ぎもんに思ったり考えたりしたこと
③印象に残った場面のしょうかい
④「③印象に残った場面」をえらんだ理由
⑤この本を読んで、気がついたことや、こんごの学校生活にいかせそうなこと

　男の子が倒れている様子を印象に残った場面としてあげた子どもが多くみられました。

　本実践では、時間の関係で子ども同士の交流の時間は設けられませんでした。子ども同士が伝え合う交流活動によってこそ、徐々に感想は育てられていきます。話すのが苦手な子どもは、ワークシートの言葉をそのまま相手に伝えてもよいでしょう。

④自己の経験と関連づける

　最後に「⑤この本を読んで、気がついたことや、こんごの学校生活にいかせそうなこと」を訊きました。気づいたことや考えたことと自分の経験を関連づける学習です。この質問は４年生には難しいと想定していましたが、子どもたちからは「水道の水を出しっ放しにしないで大切に使いたいと思います」「給食を残さずに食べようと思います」「そうじや家のお手伝いをきちんとやろうと思います」などの意見が出されました。

⑤文章構成を意識させる

　ワークシートでは前述の①〜⑤の５項目を「はじめ」「なか」「おわり」の３部構成に分けて示しました。

　４年生では国語の授業で文章構成について学びます。感じたり考えたりしたことを整理させながら、子どもに文章構成を意識させることが大切です。子どもが自己の思考過程を文章構成に基づいて整理することは、思考力の育成にとって欠かせない学習です。また、説明的文章で学んだことを生かして「書くこと」に関連づける学習でもあります。

　出前授業ではワークシートの内容を文章化するのは担任教師にお願いしました。

文章全体の構想がみえれば、子どもたちも学習の見通しをもちながら読書感想文を書くことができるのです。

4. 日頃からの対話的なコミュニケーション活動、対話的な読書活動が大切

　出前授業では読書感想文の指導にとって読書材がいかに大切であるかを実感させられました。

　給田小学校では「コミュニケーション力の育成」を重点目標の一つに掲げ、様々な場面での「対話」を大切にし、実践時の6年ほど前から国語科に限らず「ノート・コミュニケーション」を取り入れていました。

　自分の考えをノートに書き込み、ノートを見合いながらお互いの考えを伝え合い話し合うという授業方法でした。このような対話的なコミュニケーションの活動の工夫があるため、子どもたちは積極的に気づいたことや考えたことを説明し、他者の気づきに促されて新たなことに気づくことができたといえるでしょう。

　読書感想文を書くこと自体を目的化しないためには、国語科の授業を活用して、子どもたちと本の対話を促すための日常的な読書指導、対話的な読書指導の積み重ねが必要です。

読書感想文の書きかた

四年（　　）組（　　）番　なまえ（　　　　　　　　　　）

めあて

ものがたりを読んで、読書感想文を書くための「コツ」を知ろう。

【ステップ１】　読書感想文を書くためにたいせつなことはなんだろう。

本を読んで、おもったと思ったり考えたりしたことを
読む人にわかりやすく伝えるように、すじみちを立てて書くことがたいせつです。

・「すじみちを立てて書くこと」＝（①　　　　　　　　）をきめて書くこと。

【ステップ２】　読書感想文に書くとよいことはなんだろう。

① 本を選んだ理由の説明

　・おうちの人にすすめられた
　・本の題名がおもしろそうだったから
　・本のおびのことばを見て、読んでみようと思ったから
　・この本の作者がすきだから

② おもったと思ったり考えたりしたこと。

③ 印しょうに残った場面のしょうかい

　・心に残った場面
　・おもったと思った場面
　・すきな場面

　　　　　→　ものがたりぜんぶの（②　　　　　　　　）は書きません。

④ 場面をえらんだ理由

⑤ この本を読んで、気がついたことや、じぶりの学校生活にいかせそうなこと

　・今まで気づかなかったのに、こんなことに気づけたということ
　・これから心がけたいこと

【ステップ３】　二つ目に分けて書こう

はじめ

①本をえらんだ理由の説明
　わたし（ぼく）がこの本を理由は　一　です。

②まもっと思ったり考えたりしたいということの説明
（　まもっと思ったこと　　考えたこと　）

③印しょうに残った場面のしょうか
　わたし（ぼく）が印しょうに残った場面は…

です。

なか

④「③」の場面が印しょうに残った理由の説明
　この場面が印しょうに残った理由は…

からです。

おわり

⑤この本を読んで、学んだことや、これからの学校生活にいかせそうなこと

やってみよう！学校図書館 ❷

マネジメントの工夫で変わる学校図書館

～読書センター、学習・情報センターの機能の充実に向けた工夫とは～

1. 本を読む場から学習の場への転換

　2015（平成27）年4月、学校図書館法の一部が改正され、学校に学校司書を置くことが努力義務になったものの、学校司書の配置状況は都道府県によって大きな格差がみられます。これからは実生活・実社会に生きて働く能力・資質の育成が求められています。そのためにも学校図書館には情報活用能力を養う、いわゆる学習センター、情報センターの機能の充実が欠かせません。また、子どもたちにとっては、安らぎの居場所でもあるのです。

2. 学校経営の視点に立つ学校図書館マネジメント

①カリキュラムに位置づける

　まずは、教科等や特別活動などのカリキュラムの中に、学校図書館を活用する単元を年間に一つでもいいので、読書活動や探究的な学習として盛り込むことが学校図書館活用の第一歩になります。学校図書館が具体的な教育活動として明確化され、カリキュラムへの位置づけが図られるのです。

②校務分掌の設置 ～管理職に働きかける～

　学校図書館を担当する校務分掌のない学校もあります。この場合には、校長に対して学校図書館部などの専門部署を設置し、司書教諭、または学校図書館担当教諭を主任に任命してもらうように働きかけます。

　あまり学校図書館に関心のない校長の場合、校長の意識を変えることは組織的マネジメントの観点からみて、とても大切です。学校経営計画の中に、学校図書館の利活用を入れてもらうように努めましょう。そのためにも、日頃から学校図書館の位置づけや活動について、校長にはていねいに説明するようにします。

　教務部の係の一つとして学校図書館の業務を位置づけることも考えられるのですが、校務運営会議で直接学校図書館の実務に当たる担当者が出席するわけではないため、影響力が薄れてしまいます。学校図書館の存在を主任層に認識してもらい、発信力を強めるためにも、独立した校務分掌の設置は欠かせません。

③学校図書館経営のチーム化

　学校図書館担当者の他、学年や校務分掌、教科による横断的なメンバーから構成される学校図書館経営委員会やプロジェクトチームを設置し、学校図書館経営の中核となる組織を固めるのが理想です。

　例えば、総合的な学習の時間のカリキュラム作りの中で学校図書館を位置づけることにより、学校の特色化の実現に成功した高校もあります。

④全体計画の作成

　道徳教育の全体計画、人権教育の全体計画、健康・給食指導の全体計画などと同じように、担当者によって学校図書館を活用した指導の全体計画を作成することにより、教師や保護者への「見える化」が図られるようになります。

　例えば、予算や選書などの実務、子ども・教師への支援（図書館サービス）、朝読書や読み聞かせなどの教科外で行う読書活動、教師が主体となって進める授業で行う読書指導や学習指導という４つの観点から具体的な内容をあげて、図式化します。

⑤学校図書館に関する校内研修の開催

　学校図書館が学習センター・情報センターであるという認識を持つ教師は少ない状況にあります。

　例えば、学力向上に位置づけながら、日々の学習をより豊かなものにするという観点から、学校図書館を活用した授業の方法についての研修を企画することには大きな意義があります。学校図書館運営委員会と教務主任や研究主任に働きかけて、連携・協力して実施するようにします。

3. 担当者としてのマネジメント能力を高める

①短期計画・中期計画・長期計画の作成

　学校図書館担当者は、１年ごとの短期計画、３〜５年の中期計画、５〜10年の長期計画を作成しましょう。

〈今から取り入れたい工夫〉

・教育目標や教育課程、目指す学習者像に照らし合わせながら、重点課題、購入・廃棄計画、施設・設備の改善などの観点で計画を作ります。
・計画作成を通して課題が浮かび上がらせます。
・学校として目指すべき学校図書館像を設定し、管理職などに説明します。

②選択と集中による図書館資料の計画的な購入

　図書購入費には限りがあります。予算の使い方に工夫が必要です。公立学校では購入図書について市民への説明が求められる場合もあります。

〈今から取り入れたい工夫〉

・バランスのとれた蔵書構成は理想ですが、学校として力を入れている分野の図書を集中的に購入するようにします。
・担当者の恣意的な購入傾向にならないように、学校図書館経営委員会が中心となって選書に関わるようにします。

4. 人的資源・公共図書館の活用

①学校司書の活用

　区市町村立の小中学校では学校司書は非常勤職員という場合が多く、他校とのかけ持ちで勤務するという場合もあります。

学校図書館担当者と学校司書の連携には、「ゆるやかな」業務分担が大切です。

〈今から取り入れたい工夫〉

・勤務時間の関係から学校図書館担当教員と話し合いの時間が持てない場合には、連絡ノートを活用し、意思疎通を図るようにします。

②公共図書館との連携

子どもへの支援では、司書による読み聞かせやブックトークなどの訪問支援、調べ学習の支援、図書の貸出、職場訪問などがあります。

教師への支援には、貸出、校内研修会への講師派遣などがあります。

〈今から取り入れたい工夫〉

・指定管理者制度により、学校との連携が業務内容に含まれていない場合もありますので、行き違いが生じないように、事前に公共図書館の経営・管理部署とよく話し合うようにします。

・連携にあたっては、校長や教頭・副校長と事前に相談して許可を取るようにします。

③少ない図書を補うための学校間連携

少ない図書を有効活用するための工夫として、学校間の図書の相互貸与があげられます。

〈今から取り入れたい工夫〉

・司書教諭をはじめとした学校図書館担当者が、区市町村内の各学校と連携できるようにネットワークをつくると、学校間の図書の貸与が円滑に機能します。

・学校間で貸出を行うには、管理職に依頼し、教育委員会や他校との調整を行い、システムを作ったり小回りがきくような関係をつくったりする必要があります。

④学校図書館ボランティアの活用―地域人材の活用・連携―

ボランティアの活用には、子どもへの読み聞かせなどの教育活動への支援、貸出や返却などのカウンター業務、環境づくりや破損資料の補修などがあります。

ボランティアの人材には、保護者、地域のボランティア・グループ、教育委員会の人材バンクなどがあります。

〈今から取り入れたい工夫〉

・小学校の場合、読み聞かせを地域や保護者のボランティアに丸投げしないように心がけます。

・学校図書館担当者がボランティアとの間に入り、教科の学習と関連した図書を選定してもらうのも工夫の一つです。

・学校図書館担当者が窓口になり、ボランティアへの敬意を払いながら、お互いの意思疎通を密にすることが大切です。